MARCO POLO

BODENSEE

DEUTSCHER TEIL

Reiseführer mit Insider-Tips

Sechs Symbole sollen Ihnen die Orientierung in diesem Führer erleic.

★

für Marco-Polo-Tips – die besten in jeder Kategorie

für alle Objekte, bei denen Sie auch eine schöne Aussicht haben

für Plätze, wo Sie bestimmt viele Einheimische treffen

für Treffpunkte für junge Leute

(A 1)
Koordinaten für die Übersichtskarte

Die Marco-Polo-Route verbindet die schönsten Punkte des Bodensees zu einer Idealtour

Diesen Führer schrieb Renate Schettler. Sie lebt in Überlingen und berichtet als freie Journalistin für regionale und überregionale Zeitungen aus dem Bodenseeraum.
Die Marco-Polo-Reihe wird herausgegeben von Ferdinand Ranft.

MAIRS GEOGRAPHISCHER VERLAG

MARCO POLO

Für Ihre nächste Reise gibt es die nachstehend aufgeführten Titel dieser Reihe:

Ägypten
Algarve
Amsterdam
Andalusien
Athen
Australien
Barcelona
Berlin
Bodensee
Brasilien/Rio
Brüssel
Budapest
Capri
China
Côte d'Azur
Deutschland · Ost
Dresden
Elsaß
Florenz
Florida
Frankreich
Fuerteventura
Gran Canaria
Griech. Inseln/Äg.
Hamburg
Hongkong
Ibiza/Formentera
Irland
Israel
Istanbul
Ital. Adria
Ital. Riviera
Japan
Jugoslaw. Küste
Kalifornien
Kanada
Karibik:
Gr. Antillen
Karibik:
Kl. Antillen
Kenia
Korsika
Kreta
London
Madrid
Mallorca
Malta
Marokko
Mexiko
Moskau
München
New York
Ostseeküste
Schl. Holst.
Paris
Peking
Polen
Portugal
Prag
Provence
Rhodos
Rom
San Francisco
Sardinien
Schottland
Schweden
Schweiz
Sizilien
Spanien
St. Petersburg
Südafrika
Südtirol
Sylt
Teneriffa
Thailand
Toskana
Tschechoslowakei
Tunesien
Türkei
Ungarn
USA: Neuengland
Venedig
Wien
Zypern

An unsere Leserinnen und Leser:
Die Marco-Polo-Redaktion freut sich, wenn Sie ihr schreiben.
Vor allem interessieren uns Berichtigungen und Ergänzungsvorschläge und natürlich möchten wir gern wissen, was Ihnen an diesem Band besonders gefallen hat.
Marco-Polo-Redaktion, Mairs Geographischer Verlag
Postfach 31 51, D-7302 Ostfildern 4

Titelbild: Wasserburg (Schuster/Krauskopf)
Albinger/Mauritius (19); Baumli (20, 24, 58, 74); Dumrath/Mauritius (8); Gruber/Mauritius (78); Hubatka/Mauritius (17); Lauterwasser (12, 66); Mader/Mauritius (54); Mayer/Mauritius (82); Mehlig/Mauritius (4); Meidinger/Transglobe (26); Ott (76); Schapowalow/Messerschmidt (68); Storto (15, 22, 28, 36, 43, 46, 50, 62, 88, 96, Umschlagklappe vorn); Striemann/Mauritius (65); Touristik-Marketing GmbH (32); Truöl (77, 93)

2., aktualisierte Auflage 1992

Gestaltung: Thienhaus/Wippermann (Büro Hamburg)
Kartographie: Mairs Geographischer Verlag, Oberbacher
Druck: Merkur-Druck Mayer, Ostfildern

Printed in Germany
ISBN 3-87504-752-4

INHALT

Entdecken Sie den Bodensee!

Eine Landschaft, in der es sich ein wenig leichter leben läßt als anderswo

Im 19. Jahrhundert war der Bodensee kaum mehr als ein Geheimtip für Dichter, Maler und Bildungsreisende. Interessant für den Fremdenverkehr wurde er erst Anfang unseres Jahrhunderts. 1921 schuf der Schriftsteller Horst Wolfram Geißler mit seinem vielgelesenen Roman »Der liebe Augustin« dem Bodensee sein erstes prägendes »Image«: Eine Landschaft, in der es sich ein wenig leichter leben läßt als anderswo. Die Werbung fügte dem bald den Slogan hinzu: »Am Bodensee beginnt der Süden«. Und auch heute weckt die Werbung mit farbigen Plakaten von einem Blütenparadies in südlich angehauchter Landschaft die Lust auf eine Begegnung mit einem Stückchen Italien diesseits der Alpen.

Nur: *Den* Bodensee gibt es nicht, nicht einmal, wenn man sich, wie in diesem Band, auf den deutschen Bodensee beschränkt, und nicht einmal geographisch.

Das Marienmünster in Mittelzell: Wahrzeichen der Insel Reichenau

Da ist der Obersee, von eiszeitlichen Gletschern 250 Meter tief ausgehobelt, dessen Weite den Namen »Schwäbisches Meer« rechtfertigt. Da sind die Zweigbecken des Überlinger- und des Untersees mit Zeller- und Gnadensee und endlich dem »Konstanzer Trichter«, der den Alpenrhein am Schweizer Ufer aufnimmt und als See-Rhein in den Untersee weiterleitet.

Viele Gesichter hat diese Landschaft am deutschen Bodensee. An klaren Septembertagen kann der Überlinger See vor dem bewaldeten Bodanrück, dem der See übrigens seinen Namen verdankt, wohl an den italienischen Gardasee erinnern. Die alpennahe Landschaft bei Lindau bildet dazu den großartigen, aber herben Kontrast. Was auf der Insel Mainau mit üppiger Blütenfülle unter exotischen Bäumen und Sträuchern jährlich rund zwei Millionen Besucher anlockt, ist nicht mit der spröden, nüchternen Schönheit der Reichenau mit ihren Tomaten- und Gemüsefeldern, Warmbeeten und Treibhäusern zu vergleichen. Den schroff abstürzenden

Molassefelsen am Nordufer des Überlinger Sees folgen die besonnten Rebhänge, Gärten und Obstplantagen zwischen der Birnau und Immenstaad, und diesen wiederum die leicht hügelige Flur- und Waldlandschaft zwischen Friedrichshafen und Lindau.

Auch das Klima ist keineswegs einheitlich. Zwar gleicht der See mit seiner riesigen Wasserfläche den Temperaturhaushalt in den Seebecken aus. Andererseits bewirkt die Alpennähe beziehungsweise -ferne erhebliche Unterschiede. In Alpennähe bringt es die Seeregion im Juli auf eine Durchschnittstemperatur von 16–17 Grad Celsius, im Seebecken und seinen Abzweigungen auf 17–19 Grad. Liegt der Westen des Sees im »Regenschatten« der Schwäbischen Alb, so staut sich am Alpenrand die Feuchtigkeit; auch die unangenehmen Föhn- und Fallwinde sind dort ausgeprägter. Der Obersee kennt starke Stürme, deren Tücke mit böigen Richtungsumschlägen für Wassersportler nicht ungefährlich ist. Der »Seegang« kann bis zu 1,50 Meter hohe Wellen hervorbringen! Im Westen haben Sie eher mit kurzem, hartem Seegang zu rechnen. Während die Sommermonate wegen der Verdunstung über dem See zu feuchter Schwüle neigen, kommt der Frühling später, als allgemein angenommen wird. Der im Sommer aufgeheizte See beschert lange schöne Spätsommerperioden. Im Frühling, wenn der See abgekühlt ist, werden Sie ihn eher als »Kaltloch« empfinden. Aber es gibt zwischen April und Mitte Oktober so gut wie keine Nachtfröste mehr: Voraussetzung für die sprichwörtliche Fruchtbarkeit der Region mit ihrem Wein-, Hopfen-, Obst- und Gemüseanbau. Die Winter sind übrigens nicht immer nur mild und haben weniger Nebeltage als zum Beispiel der Rhein-Nekkarraum. Die drei extrem milden Winter der Jahre 1988–90 haben die befürchtete Klimaveränderung noch nicht gebracht: Der Winter 1991 war lang, kalt und schneereich.

Bei all diesen Verschiedenheiten sowie der politischen Aufteilung des Seegebietes zwischen den Anliegerländern Bundesrepublik, Schweiz und Österreich haben einige Jahrtausende gemeinsamer Geschichte aber so etwas wie eine innere Zusammengehörigkeit geschaffen. Der Bodenseeraum ist uraltes menschliches Siedlungsgebiet, und jede Epoche hat ihre noch heute nachweisbaren Spuren hinterlassen. Das hat eine kulturelle Geschlossenheit des Seeraumes geschaffen, die bis heute deutlich spürbar ist.

Die frühesten menschlichen Spuren (etwa 50000 v. Chr.) sind im heutigen Schweizer Nordalpenraum zu finden. Eine Jäger- und Fischerkultur der Jungsteinzeit (etwa 8000 v. Chr.) ist durch Funde in der Konstanzer Bucht, am Untersee und am Westufer des Überlinger Sees bezeugt. Gegen Ende des dritten Jahrtausends v. Chr. entstanden die ersten Pfahlbauten, eine zweite Pfahlbautenkultur entwickelte sich in der Bronzezeit (ca. 1200 bis 800 v. Chr.). Die Pfahlbauten, die Sie bei Unteruhldingen sehen, beruhen auf einer Rekonstruktion, über die sich die Wis-

Geschichtstabelle

Um 2200–1800 v. Chr.
Jungsteinzeitliche Pfahlbaukultur

Um 1200–800 v. Chr.
Bronzezeitliche Pfahlbaukultur

Um 550 v. Chr.
Beginn der keltischen Wanderungen, Kelten siedeln am Bodensee

58 v. Chr.
Julius Cäsar unterwirft die keltischen Helvetier

Ab 15 v. Chr.
250 Jahre lang gehören die Provinzen Rätien und Helvetien im Bodenseebereich zum Römischen Reich

Um 250 n. Chr.
Alemannen erobern das Land nördlich des Bodensees. Bau römischer Kastelle, darunter Konstanz

Um 590
Entstehung des Bistums Konstanz. Beginn der Christianisierung

7. Jahrhundert
Alemannen besiedeln die Sumpfwälder im nordöstlichen Teil des Seegebietes

724
Gründung der Abtei Reichenau

9./10. Jahrhundert
Abtei Reichenau wird zum Zentrum christlicher Kultur am Bodensee. Reichenauer Äbte besetzen Konstanzer Bischofsstuhl

Vor 1100
Gründung der Meersburg

1137
Gründung der Zisterzienserabtei Salem

1414–1418
Konstanzer Konzil. Der tschechische Kirchenreformator Johann Hus wird 1415 in Konstanz verbrannt

1489–1499
Schwabenkrieg. Die eidgenössischen Gebiete sagen sich vom Deutschen Reich los. Der Bodensee wird Grenze

16. Jahrhundert
Glaubensspaltung durch teilweise Einführung der Reformation am Bodensee

1618–1648
Dreißigjähriger Krieg. Besetzung des Bodenseeraums durch die Schweden. Mehrere Pestwellen

Um 1850
Entstehung des Eisenbahnnetzes am Bodensee

1898
Gründung der Zeppelinwerft Friedrichshafen-Manzell

2. 7. 1900
Das erste lenkbare Luftschiff, die »L Z 1«, steigt am Bodensee in Manzell auf

1944/1945
Die Städte Friedrichshafen und Singen werden durch Bombenangriffe zu etwa zwei Dritteln zerstört

1945
Besetzung des Bodenseeraumes durch französische und amerikanische Truppen

senschaftler immer wieder einmal streiten: Wehrdorf oder Wohndorf? Wasser- oder Uferbau?

Weder die um 1200 v.Chr. eingewanderten Ostvölker noch die ab etwa 500 v.Chr. am See siedelnden keltischen Helvetier haben, außer den Pfahlbauten, wesentliche Spuren hinterlassen. Anders die Römer, die von 58 v.Chr. bis ins vierte nachchristliche Jahrhundert den Bodenseeraum beherrschten. Außer schriftlichen Quellen hinterließen sie Bodenfunde. 250 Jahre lang gehörte der Bodensee zum Römischen Reich, selbst die Landbewohner der Provinzen Helvetien und Rätien sprachen Latein, und als Angehörige des Reiches hatten sie römisches Bürgerrecht.

Das bei weitem wichtigste Ereignis in der Geschichte des Bodenseeraumes ist die Landnahme durch die Alemannen. Sie kamen um 250 n.Chr. – und blieben, obwohl sie von den Frankenkönigen unterworfen wurden. Noch heute ist der Grundstock der Bevölkerung alemannischen Ursprungs; noch heute wird am See, wenn auch mit großen Unterschieden von Ort zu Ort, ein alemannisches See-Schwäbisch gesprochen, das, insbesondere für norddeutsche Ohren, schwer verständlich sein kann. Die Alemannen haben den Charakter der Bevölkerung geprägt. Ihr rauhes Einzelgängertum ist einer freundlichen Zugewandtheit gewichen, aber leicht gemacht wird es dem Fremden noch immer nicht, hier heimisch zu werden. Und so lebhaft die See-Schwaben untereinander »schwätze« können, so wortkarg können sie anderen gegenüber sein. (Abgesehen davon, daß sie während der Saison sowieso keine Zeit für mehr als höfliches Geplauder haben.)

Den Alemannen verdankt der Bodenseeraum die Erhebung des römischen Kastells Konstanz zum Bistum (um 590), die Urbarmachung der Sumpfwälder am Nordufer des Sees und die

Ein »Paradiesgarten im Kleinen«: Insel Mainau

erste, nicht ganz uneigennützige Förderung der Christianisierung: Sie sicherte den Herzögen Einfluß auf die Kirche. Der Legende nach trieb der Hl. Gallus der Tochter des Alemannenherzogs Gunzo den »bösen Geist« aus, erhielt dafür einen Schutzbrief und wirkte danach von seiner kleinen Klosterzelle im oberen Steinachtal (beim heutigen St. Gallen) als wahrhaft frommer, weit verehrter Mann bis tief ins Volk hinein.

Noch unter den alemannischen Herzögen, die der Frankenkönig Karlmann endgültig entmachtete, wurde die Abtei Reichenau durch den Hl. Pirmin gegründet – die Konkurrenz sozusagen zum aufblühenden Kloster St. Gallen. Die Reichenau wurde unter bedeutenden Äbten zu einem Zentrum christlicher Kultur am Bodensee, fand Gönner unter den deutschen Königen und Kaisern und war auch machtpolitisch ein bedeutender Faktor. Die drei Kirchen – Oberzell, Mittelzell und Niederzell – gehören zu den ältesten Deutschlands. Die Äbte der Reichenau gründeten die berühmte Reichenauer Gelehrtenschule und die ebenso berühmte Bibliothek. Im zehnten Jahrhundert fand die Reichenauer Buchmalerei in ganz Europa nichts Vergleichbares. Im Jahr 917 wurden der Bodensee und Oberschwaben zum Zentrum des Herzogtums Schwaben, das unter den Welfen und Staufern seine größte Macht entfaltete. Unter den Staufern bildete sich nun auch eine neue Schicht: das Bürgertum der Städte, das weltläufiger, ehrgeiziger und bald auch reicher als der Adel war und entsprechend auftrat. Konstanz, das durch seinen Bischof Gebhard III. tief in den »Investiturstreit« verstrickt wurde, löste sich ganz aus der herzoglichen Abhängigkeit und wurde zur festen Niederlassung für Kaufleute und Gewerbetreibende. Radolfzell erhielt durch die Reichenau im Jahr 1100 einen eigenen Markt; Überlingen, 1180 als Marktniederlassung gegründet, wurde 1268 freie Reichsstadt, Lindau um die gleiche Zeit, Buchhorn – heute Friedrichshafen – wurde 1275 freie Reichsstadt. Auch die Klöster gewannen an Bedeutung, unter anderem die Zisterziensergründung Salem.

Als das schwäbische Herzogtum mit den Staufern 1268 erlosch, ging die Macht im Bodenseeraum größtenteils über Rudolf von Habsburg an Österreich; anderswo machten sich kleinere Territorialherrschaften breit. Immer wieder wehrten sich Bürger gegen Übergriffe machthungriger Stadtherren. Und im 15. Jahrhundert begannen die Glaubenskämpfe. Beim Konzil von Konstanz (1414 bis 1418) ging es keineswegs nur um eine Papstwahl (Martin V.), mit der Verbrennung des tschechischen Reformators Johann Hus warf 1415 die Reformation ihre langen Schatten voraus. Die Bewohner des Bodenseeraumes hatten (451) die Hunnen- und (926) die Ungarnstürme über sich ergehen lassen; nun, am Ende des 16. Jahrhunderts, wurden sie tief in die Wirren der Glaubensspaltung und des Bildersturmes hineingerissen. Die Bauernaufstände des 16. Jahrhunderts waren kaum vergessen, da machten sich die Nachwirkungen eines noch einschneidenderen Ereignisses bemerkbar: 1499 sagten sich die Eidgenossen und mit ihnen das gesamte Südufer des Sees endgültig vom Deutschen Reich los. Das war auf lange Sicht verheerender als die Pestwellen und die Schrecken des Dreißigjährigen Krieges mit den Greueln, die die schwedische Soldateska am Bodensee beging.

Denn man hatte hier eigentlich schon immer mit dem Blick nach Süden gelebt. Möglicherweise gab es schon in der Jungsteinzeit, mit Sicherheit bei den Kelten, einen transalpinen Handelsverkehr. Nach der Besiedelung des Nordufers entwickelte sich dann über den See hinweg ein schwunghafter Handel mit Getreide, Leinen und anderen Gütern, von dem nicht nur die freien Reichsstädte Überlingen, Buchhorn, Lindau und Ravensburg profitierten. Späte Zeugen hierfür sind etwa die Kornspeicher und Kaufhäuser »Greth« in Überlingen und Meersburg. Lindaus Handelsverbindungen gingen, von Norden kommend, über den See und die Alpen bis Como, Mailand und zur Levante. Nun aber war der See nicht mehr Verbindung, sondern Grenze. Konstanz verlor sein natürliches Hinterland, die Städte und Ortschaften am deutschen Ufer wurden auf sich selbst gestellt. Die Folgen des Dreißigjährigen Krieges taten ein übriges, das deutsche Bodenseeufer versank in politischer Bedeutungslosigkeit.

Dafür begann mit dem Barock eine kulturelle Entwicklung, deren Schwung den gesamten Bodenseeraum erfaßte. Und deren Architektur übrigens bis heute die bedeutenden Bauten der Romanik, Gotik und Renaissance in den Schatten zu stellen droht. Für das heutige »Bild« des Bodensees steht die liebliche Birnau eher als das Münster von Mittelzell, Konstanz, Überlingen, Salem oder das prächtige Renaissance-Schloß Heiligenberg. Der Vorarlberger Bauschule, der Wessobrunner Stukkatorenschule, dem Schaffen des Rokokoplastikers Joseph Anton Feuchtmayr und des Bildhauers Joh. Georg Dirr, nicht zuletzt aber auch dem Bauwillen der barocken Standesherren verdankt die Seeregion in allen Anliegerländern wahrhaft prachtvolle Bauten und Kunstwerke. Die Konstanzer Bischöfe, die sich, des ständigen Streits mit der zum Protestantismus neigenden Bürgerschaft müde, schon 1526 auf die Meersburg zurückgezogen hatten, begannen im frühen 18. Jahrhundert den Neubau des Meersburger Barockschlosses. Das Schloß zu Tettnang, Schloß und Schloßkirche der Mainau sowie die Birnau folgten. 1729 entstand das großartige Patrizierhaus »Zum Cavazzen« in Lindau.

Mit dem Reichsdeputationshauptschluß von 1803/10 wurde das deutsche Nordufer des Sees zwischen Baden und Württemberg aufgeteilt, Lindau wurde bayerisch, Vorarlberg blieb bei Österreich. So ist es noch heute.

1821 wurde das Bistum Konstanz, das auch damals noch vom mittleren Neckarraum bis zum Gotthard reichte, aufgehoben. Die freien Reichsstädte Überlingen, Buchhorn und Lindau verloren ihre Selbständigkeit. Und obwohl Eisenbahn- und Straßenbau ab etwa 1850 neue Verbindungen schufen, obwohl sich zwischen Konstanz und Singen und um Friedrichshafen herum bedeutende Industriewerke ansiedelten, blieb der deutsche Bodensee im Verkehrsschatten des Reiches wie der Bundesrepublik. Einst war der See Handels- und Verkehrsweg; heute befördern nur die Autofähren zwischen Friedrichshafen und Romanshorn und zwischen Meersburg und Konstanz-Staad sowie die »Weiße Flotte« der Anliegerländer ihre Sommergäste. Der mit etwa 55000 Motor- und Segelbooten überbesetzte See ist endgültig Ferien- und Erholungsgebiet geworden.

Dafür wurde der Seeraum schon vom frühen 19. Jahrhundert an kulturell interessant. Auf der Meersburg lebte und starb Deutschlands größte Dichterin Annette von Droste-Hülshoff. Die Maler der Romantik entdeckten und malten die Bodenseelandschaft, und im Lauf des Jahrhunderts siedelten sich mehr und mehr Künstler und Schriftsteller am See an. Während des Dritten Reiches und des Zweiten Weltkrieges, der die fast völlige Zerstörung von Friedrichshafen und Singen mit sich brachte, bot der Bodensee auch manchem Verfolgten Schutz: so den Malern Otto Dix und Erich Heckel. Später lebten die Schriftsteller Friedrich Georg Jünger und Rudolf Hagelstange am See, und noch viele andere Namen ließen sich aufzählen. Bis heute übt die Bodenseeregion eine offenbar unwiderstehliche Anziehungskraft auf Künstler und Intellektuelle aus. Auch die 1966 gegründete Konstanzer Universität verleiht dem kulturellen Leben manche Impulse.

Die Probleme, die nicht nur die deutsche Bodenseeregion heute beschäftigen, sind mit wenigen Schlagworten zu markieren: Gewässer- und Naturschutz, Bevölkerungswachstum und Wohnungsnot, Massentourismus und Verkehr.

Einen Lichtblick bietet der Gewässerschutz. Durch den Bau zahlreicher Kläranlagen rund um den See ist es gelungen, das Bodenseewasser so zu verbessern, daß es fast als das reinste der Bundesrepublik gelten kann.

Unvereinbar erscheinen dagegen die Erfordernisse des Verkehrs und des Naturschutzes. Zwar sind eine ganze Anzahl von Naturschutzgebieten ausgewiesen, zwar steht fast das gesamte deutsche Bodenseeufer außerhalb von Ortschaften unter Landschaftsschutz, aber hier stoßen doch die Interessen der Gemeinden, die vom Fremdenverkehr leben, hart mit denen des Naturschutzes aufeinander. Je mehr Menschen im Sommer an den See kommen, desto mehr Parkplätze, Zufahrts- und Umgehungsstraßen, Schwimmbäder, Unterkunfte, Gaststätten undsoweiter werden benötigt.

Der Bodensee ist immer noch eine Entdeckung wert. Sei es für einen erlebnisreichen Kurzurlaub, sei es für eine erholsame Ferienzeit. Informieren Sie sich beizeiten, so werden Sie immer noch finden, was Sie suchen: die Begegnung mit der Landschaft und ihren Kunstwerken oder das stille Dorf, auf dem außer Natur »nichts los« ist.

Barockstraße bis Weinbau

Sonnenreiche Sommer und ein langer, warmer Herbst lassen die Bodensee-Weine besonders frisch und spritzig werden

Barockstraße, Oberschwäbische
Sie verbindet zwischen Lindau und Überlingen die wichtigsten Barockbauten. Von Ulm kommend, stößt sie in drei Linien an den See: bei Langenargen, bei Friedrichshafen und bei Baitenhausen/Meersburg. Im Westen führt die Barockstraße bis Überlingen, wo sie nach Norden abbiegt. Eine Südroute führt am österreichischen und Schweizer Ufer entlang. (Die einzelnen Bauten sind bei den Ortsbeschreibungen angeführt).

Birnauer Kantorei
1966 gegründete, wohl renommierteste Chor- und Orchestervereinigung am deutschen Bodenseeufer, die jeweils im Sommer mit mehreren Aufführungen sakraler Musik in der Birnauer Basilika und im Münster in Mittelzell/Reichenau hervortritt. Die Konzerte gehören für die Gäste zu den beliebtesten Attraktionen.

Müller-Thurgau und Spätburgunder: Das Bodenseeklima läßt rassige Weine wachsen

»Blühen« des Sees
Im Frühling ist die Wasseroberfläche des Sees mit einer bräunlichen, schlierigen Schicht überzogen, die von Fremden irrtümlich als Zeichen der Verschmutzung des Sees gewertet wird. In Wirklichkeit besteht diese Ablagerung aus Millionen von Blütenpollen, die vom Wind aufs Wasser hinausgetragen wurden. Sauberkeit und Qualität des Bodenseewassers werden davon nicht beeinträchtigt.

Bodensee in Zahlen
Länge: Ludwigshafen bis Bregenz: 64 km; Konstanz bis Bregenz: 46 km
Größte Breite: Friedrichshafen–Romanshorn: 14 km
Tiefe: Mittlere Tiefe 90 m
Obersee: 250 m, Zeller See 26 m, Gnadensee 22 m
Fläche: 540 qkm
Umfang: 255 km
Erdwölbung zwischen Bregenz und Konstanz: 44 m
Wasserinhalt: 55 Milliarden cbm

Bodensee-Manifest
Ein auf Initiative des Herrn der Insel Mainau, Graf Lennart Ber-

nadotte, 1971 von einem »verantwortungsbewußten, internationalen Kreis von Politikern und Sachverständigen aus den Anliegerstaaten« erarbeitetes Manifest zur Entwicklung und Raumordnung im Bodenseegebiet. Das Manifest wurde bei mehreren Vorhaben, zum Beispiel dem Autobahnbau Stuttgart und Ulm an den See, bei der Bildung und Förderung von Abwässerverbänden, der Ermittlung der Belastbarkeitsgrenzen des Bodenseeraumes sowie bei der Abstimmung der Anliegerstaaten untereinander und generell in der Öffentlichkeitsarbeit berücksichtigt.

Bodensee-Trinkwasserversorgung
In Baden-Württemberg werden jährlich mehr als 3,5 Millionen Einwohner über ein 1500 km langes Leitungssystem mit rund 130 Millionen cbm Wasser aus dem Bodensee versorgt. Auch Stuttgart bezieht sein Trinkwasser aus dem Bodensee. Das Wasser wird von der »Bodensee-Wasserversorgung« bei Süßenmühle (zwischen Goldbach und Sipplingen) aus 65 m Tiefe aus dem See entnommen und in die Leitungen gepumpt.

Brauchtum
Im Hegau rund um den Überlinger See hat sich altes Brauchtum am besten erhalten, vor allem in Verbindung mit der ★ Fasnacht (Fasnet). Schon vom Dreikönigstag an hört man überall das Karbatschen-Schnellen – das Knallen langer Seilpeitschen mit kurzem Griff, die von jungen Burschen im Takt geschwungen werden. Am »Schmotzige Dunschtig« vor Fasnacht werden die »Narrenbäume« aufgestellt, sie sind den Maibäumen nicht unähnlich. In Überlingen wird der »Schwertletanz«, der wahrscheinlich auf ein Privileg der Rebleute-Zunft zurückgeht, auf dem Münsterplatz bzw. der Hofstatt getanzt. In der Fasnacht werden überall Narrenbälle, -konzerte und -sitzungen veranstaltet, am Samstag, Sonntag oder Rosenmontag finden dann die Umzüge statt. Jeder Ort hat seine eigenen Masken, aber viele Masken sind auch um den ganzen See verbreitet: Die »Hemdglonker«, die Überlinger »Hänsele« zum Beispiel. Die »Schnabelgiere« gibt es dagegen nur in Meersburg. Auch grausliche Hexenmasken tauchen überall auf – neuerdings mehr, als den Narrenzünften lieb ist. Am Aschermittwoch wird die Fasnacht von den Narren unter Trauermusik zu Grabe getragen, danach geht es in die Narrenwirtschaft zum Schneckenessen: Beginn der Fastenzeit. Am »Funkensonntag«, dem ersten Sonntag nach Fasnacht, werden rund um den See die »Hexen« verbrannt. Das sind hohe, um eine Holzstange herum errichtete, spitz zulaufende Holz- und Reisigstöße, die oben einen Kopf und oft noch einen bekleideten Körper halten, die »Hexen«.

Zum noch lebenden Brauchtum gehört auch die »Ehrbare Gesellschaft der Hunderteiner« in Meersburg. Sie wurde im 16. Jahrhundert gegründet, um »die Ehre Gottes, Frieden und Eintracht, Sittlichkeit und Ordnung zu erhalten, und bei Krieg, Teuerung und schlimmen Gemeindeverhältnissen mit Rat und Tat einzuschreiten«, wie es in einer späteren Satzung heißt. Die Hunderteiner – der Gesellschaft gehören genau 101 Mitglieder an – kommen am Abend des Neujahrstages im Ratssaal der Stadt zum feierlich-festlichen Umtrunk zusammen. Die Hunderteiner haben noch heute in der Meersburger Bürgerschaft Einfluß. Einige Ähnlichkeiten mit ihnen hat auch die »Konstanzer Neujahrsbruderschaft«.

Fischfang und -zucht hängen am Bodensee eng zusammen

Fischzucht

Ohne praktizierte Wissenschaft geht nichts mehr! Die Felchen, die die Gäste am Bodensee genüßlich verspeisen, waren alle einmal Retortenbabys. Denn trotz des aufwendigen Baus zahlreicher Kläranlagen und strenger Einleitungsvorschriften ist der Seegrund verschlammt. Absinkender Fischlaich, der früher dort heranreifte, geht heute zugrunde. Also nehmen die rund 170 Berufsfischer rund um den See schon beim Fang der Fische eine Art künstlicher Befruchtung vor und liefern den befruchteten Fischlaich in einer der sieben Brutanstalten des Seeraums ab. Die größte von ihnen befindet sich in Langenargen. Hier wird der Fischlaich in großen Brutgefäßen unter fließendem Wasser gehalten und nach dem Schlüpfen in Becken angefüttert, bis die jungen Fische ausgesetzt werden können. Nicht nur Felchen, auch Hecht, Saibling und Seeforelle werden so gezüchtet. Maschenweite der Netze, Fangquoten und Schonzeiten gehören zu den unabdingbaren Maßnahmen zur Erhaltung der leider fortlaufend abnehmenden Fischbestände.

Luftfahrt

Der Bodensee hat in der Geschichte der deutschen Luftfahrt eine bedeutende Rolle gespielt, für die vor allem die Namen Zeppelin, Maybach und Dornier stehen. Graf Ferdinand von Zeppelin baute das erste lenkbare Luftschiff, die »LZ 1«, die am 1. 7. 1900 von Friedrichshafen abhob. Erst mit der Katastrophe von Lakehurst 1937 ging die erfolgreiche Geschichte der »Zeppeline« dann zu Ende. Im »Zeppelinmuseum« in Friedrichshafen ist die Entwicklung nachgezeichnet. – Die von Wilhelm Maybach entwickelten Flugzeugmotoren ermöglichten die Erfolge der Zeppeline. Die Maybach-Werke sind heute in die MTU Friedrichshafen integriert. – Das Lebenswerk des genialen Flugzeugkonstrukteurs Claude Dornier (»DO 24«, »DO X«) wird von den Dornier-Werken in Friedrichshafen in Richtung Satellitenbau, Strahlenmessung im interplanetaren Raum und

Vergessene Grenze

Im Westfälischen Frieden, der 1648 den 30-jährigen Krieg beendete, hat man schlicht vergessen, die Grenzen auf dem Bodensee festzulegen. Und man hat das auch noch nicht nachgeholt. So bestehen Deutschland und Österreich noch heute auf einem »Kondominium« auf dem Wasser, die Schweiz dagegen auf »Realteilung«. Zu einer Einigung hat man es nach nahezu 350 Jahren noch immer nicht gebracht, man lebt aber nicht schlecht damit ...

ähnlichem weiterentwickelt. Dem Wirken Dorniers ist ein kleines Privatmuseum mit informativen Exponaten im Meersburger Schloß gewidmet.

Meersburger Knabenmusik

Ein Jugendorchester von Holz- und Blechbläsern, das in historischen Kostümen heitere, stimmungsvolle und klassische Musik spielt – bei Konzerten im Freien, im Treppenhaus des Neuen Schlosses und auf Konzertreisen im In- und Ausland, auf denen es die Stadt würdig repräsentiert und nachhaltig für sie wirbt. Die »Knabenmusik« ist ein ausgesprochener Publikumsliebling.

Naturschutz

In einer so empfindlichen Landschaft wie dem Bodensee-Uferbereich kommt dem Naturschutz steigende Bedeutung zu. Das Umweltbewußtsein der Bevölkerung ist gewachsen, die Bürger verfolgen jede Maßnahme, die die Umwelt schädigen könnte, mit Argusaugen. Allerdings ist mit der Ausweisung von Naturschutzgebieten noch nicht alles getan, und die Interessen des Fremdenverkehrs und jener, die von ihm leben, stehen zum Teil in direktem Widerspruch zu denen des Naturschutzes. Man kämpft also ständig, auch in den unbedeutenderen Fragen, um Kompromisse. Immerhin ist heute die Uferbebauung streng reglementiert, wo sie nicht verboten ist; neue Hochhäuser im Seebereich dürfen nicht mehr erstellt werden; der Straßenbau und die Erschließung neuer Ansiedlungsgebiete, die Maßnahmen der Land- und Forstwirtschaft, der Straßen-, Boots- und Schiffsverkehr werden in immer stärkerem Maße ökologischen Gesichtspunkten verpflichtet.

Naturschutzgebiete

Von den ausgewiesenen Naturschutzgebieten am See ist bei weitem das wichtigste das Wollmatinger Ried bei Konstanz, das sich am deutschen Rheinufer und am Anfang des Gnadensees etwa 5 km lang hinzieht. Hier leben, brüten und überwintern Vogelarten, die anderswo kaum noch zu finden sind. Nicht weit davon entfernt liegen die Naturschutzgebiete der Mettnau bei Radolfzell und der unterhalb des Schienerbergs auf der Höri gelegene Uferbereich zwischen Radolfzell-Moos und Horn.

Ein kleineres, aber wegen seiner erhaltenen Artenvielfalt wichtiges Naturschutzgebiet ist rund um den Mindelsee bei

Möggingen am Bodanrück ausgewiesen. Weitere Gebiete befinden sich am Südufer des Überlinger Sees rund um die Marienschlucht, mehrere kleine Biotope auf der Höri und dem Bodanrück, ein größeres Gebiet zwischen Unteruhldingen und Seefelden und das Eriskircher Ried bei Friedrichshafen.

Pflanzen und Tiere

Abgesehen von den tropischen und subtropischen Pflanzen, die auf der Insel Mainau den ganzen Sommer lang im Freien gehalten werden können, tritt die Bodensee-Uferflora bescheiden auf: Schilf und Riedpflanzen und -gräser bestimmen wesentlich das Bild. Da die Schilfzonen gefährdet sind, wird ihnen zunehmend Aufmerksamkeit und Schutz zuteil. Im Ufergebüsch und im Strandwald finden sich Weiden, Birken, seltener noch Eichen und viele der hier »Bodensee-Pappeln« genannten Schwarzpappeln. In den nicht allzu ausgedehnten Wäldern der Region stößt man sowohl auf Mischwald- wie auf reine Fichtenbestände, seltener geworden sind Buchen und Tannen. Ein schöner Tannenwald ist noch am Gehrenberg oberhalb von Markdorf zu finden.

Die Fauna weist außer Fischen, Vögeln und Wasservögeln kaum Besonderheiten auf. Schwäne gibt es auf dem See erst seit den zwanziger Jahren unseres Jahrhunderts. Die am häufigsten vorkommenden Wasservögel – Enten, Belchen, Haubentaucher, Lach- und Sturmmöwen – werden vielerorts mit großen Bildtafeln in Ufernähe vorgestellt.

Die Exoten der Mainau ziehen Gärtner aus aller Welt an

»Seegfrörne«

Obwohl der Gnadensee zwischen Radolfzell und Allensbach seiner geringen Tiefe wegen (22 m) schon bei länger andauerndem, etwas stärkerem Frost zufriert und dann zum Paradies für Schlittschuhläufer wird, ist eine »Seegfrörne«, bei der der ganzen Obersee zufriert, ein Jahrhundertereignis. Die letzte »Seegfrörne« erlebte man 1963: Der See wurde wieder Verbindung zum Schweizer Ufer, er trug nicht nur Menschen, sondern auch Wagen. Damals fand letztmals die Eisprozession von Hagnau nach Münsterlingen statt. Nach einem alten Gelübde muß bei jeder »Seegfrörne« die Büste des Hl. Johannes Nepomuk über den See gebracht werden. Die Schäden der »Seegfrörne« sind allerdings beachtlich: Verendete Wasservögel, Einstellung des Fährverkehrs und des Fischfangs, die auch schwere wirtschaftliche Schäden mit sich bringen.

Seeputzete

Eine in allen Seegemeinden vorgenommene Reinigungsaktion

der Seeufer nach Beendigung der Saison und bei Niedrigwasser, also im November/Dezember. An der Seeputzete beteiligen sich freiwillig Schüler, Verbände und Vereine. In gemeinsamer Anstrengung wird der Unrat einer Saison aus dem Schlick des Seeufers fortgeschafft. Wie notwendig diese Beseitigung des Wohlstandsmülls ist, beweist die Tatsache, daß 1989 neben Dosen, Flaschen und Autoreifen mehr als 300 kaputte Fahrräder allein am Konstanzer Ufer aus dem Schlick gezogen wurden …

Trachten
Volkstrachten werden rund um den See nur noch bei festlichen Veranstaltungen und bei Umzügen getragen. Hie und da erscheinen Bedienungen und Saalmädchen bei öffentlichen Veranstaltungen in Tracht, so bei den Weinproben im Meersburger Schloß. Am auffallendsten ist bei den Frauen die kostbare, manchmal aus Goldfäden geklöppelte Radhaube über Halstuch und engem Mieder. Doch haben sich die Unterschiede in der Tracht zwischen jungen Mädchen und verheirateten Frauen verwischt.

Wasservögel
Belchen (Bläßhühner), Kormoran und Schwarzmilan, Möwen und Schwäne, Enten, darunter seltene Sorten wie die rotschnäbelige »Mandarinente«, gelegentlich auch Graureiher, sind an den Ufern des Sees und des Rheins heimisch. Der Deutsche Vogelschutzbund veranstaltet im Sommer immer sehr beliebte Wanderungen durch die Vogelschutzgebiete des Wollmatinger Rieds, der Mettnau und bei Unteruhldingen. Mit der Gefährdung des Schilfes – durch Hochwasser, durch den Wellenschlag von in Ufernähe fahrenden Motorbooten und Surfern – sind auch die Brutgebiete der Vögel gefährdet. Die Belchen (Bläßhühner) fliegen im Frühjahr vom Nordufer weg in ihre Brutgebiete im Ried und in der Rheinmündung am Schweizer Ufer. Ihre Wiederkehr ist ein sicheres Zeichen, daß der Herbst begonnen hat.

Weinbau
In früheren Jahrhunderten wurde zwischen der Reichenau, Bodman und Lindau in fast allen Seeufergemeinden Weinbau betrieben. Heute ist er großflächig nur noch zwischen Überlingen und Schloß Kirchberg/Schloß Hersberg bei Immenstaad sowie auf der anderen Seeseite in Konstanz und auf der Reichenau zu finden. Doch sind die Ernten überall zu gering, um Bodenseeweine in größerem Ausmaß aus der Region zu exportieren.

Als ältester Wein des Bodensees gilt der Spätburgunder, schon Kaiser Karl III. soll ihn im neunten Jahrhundert im Königsweingarten von Bodman gepflanzt haben. Später brachte der saure »Elbling« die Seeweine in Verruf.

Die Seeweine profitieren von der Höhenlage des Sees: Seine Durchschnittshöhe von 400 Meter wird auf den Steillagen etwa bei Meersburg noch um 80 Meter überschritten. Die Blüte setzt deshalb am See zwar etwas später ein als am Rhein, aber der Wein hat eine lange Vegetationszeit in den nicht sehr heißen, aber sonnenreichen Som-

Der »Hagnauer Burgstall« zählt zu den beliebtesten Seeweinen

mern und dem ausgedehnten, warmen Herbst vor sich. Dabei verstärkt die Spiegelung des Sees noch die Sonnenwärme. Diese lange Reifung erhält ihm seine typische, saftige Säure, die ihn besonders frisch und spritzig werden läßt.

50 Prozent der Rebflächen am See werden mit Müller-Thurgau bepflanzt, der unter den gegebenen Bedingungen rassig und fruchtig gerät. Er findet an den Meersburger Steillagen (»Chorherrenhalde«, »Meersburger Bengel«) sowie an der »Birnauer Kirchhalde« besonders günstige Bedingungen. Der Spätburgunder nimmt 40 Prozent der Rebfläche ein. Er wird in jüngster Zeit wieder mehr zum roten Burgunder ausgebaut, einem duftigen, eleganten Rotwein, der erst nach längerem Lagern die Samtigkeit des klassischen Burgunders gewinnt. Aus dem Spätburgunder wird auch der bei Bodenseegästen besonders beliebte Weißherbst gepreßt. Hierfür wird die Rotweintraube sofort gekeltert und nur ihr reiner Saft vergoren. Der Weißherbst ist herber und würziger als ein Müller-Thurgau, und er steigt ein wenig zu Kopf. Bei den wenigen noch verbleibenden Rebflächen gedeiht der Ruländer zu kräftigem, am See freilich nicht so körperreichem Weißwein. Eine Besonderheit ist der Weißburgunder, der am höchsten Weinberg Deutschlands, dem Hohentwiel, angebaut wird, aber auch am Meersburger »Jungfernstieg«. Er gehört zum Feinsten, was der See zu bieten hat.

Eine Neuzüchtung ist der »Bacchus«, eine Kreuzung aus Silvaner und Riesling × Müller-Thurgau, die der markgräfliche Besitzer der Birnauer Weinberge ausbaut. Freunde des einfachen Zechweines finden seit neuestem auch Gutedel auf der Insel Reichenau.

Weinproben

In vielen Weinbauorten finden am See regelmäßig Weinproben statt. Ein Weinlehrpfad ist zwischen Meersburg und Hagnau angelegt; es ist, nebenbei bemerkt, einer der schönsten Spaziergänge am See.

Seit 1623
Hotel
Wilder Mann

Maultaschen und Leberknödel

Zur deftigen schwäbischen Küche paßt der aus blauen Trauben gewonnene Weißherbst besonders gut

Essen

Die Küche des deutschen Bodenseeufers ist schwäbisch, das heißt, sie kommt mit gutbürgerlichen Gerichten auf den Tisch, die überall im Schwäbischen serviert werden: Maultaschen, Leberknödel mit Spätzle und Kraut, Kässpätzle und ähnlichem. Daneben hat sich das »Züricher Sahnegeschnetzelte« aus feingeschnittenem Kalbfleisch das deutsche Ufer erobert. Gutbürgerliche Gaststätten erleben mit Neugründungen in letzter Zeit einen gewissen Aufschwung. Andere wandeln sich allmählich zu Fast-Food-Lokalen, denen Restaurants mit gehobener Küche gegenüberstehen. Trotzdem wird man schwäbische Spezialitäten noch reichlich finden, mindestens werden Leber- oder Kässpätzle mit Salat, Maultaschen mit Zwiebelringen und Salat, einfachere Fischgerichte auf der Karte stehen. Nicht übersehen sollte man auch die das ganze Jahr über angebotene »Reichenauer Salatplatte«. Sie ist nicht nur schmackhaft und erfrischend, sondern auch in ihrer oft kunstvollen Zubereitung erstaunlich sättigend. Im übrigen paßt sich die Gastronomie am See den heutigen Erfordernissen an: Vor allem für die Tagestouristen und solche, die nur eine kleine Zwischenmahlzeit wünschen, gibt es in jedem Ort Gaststätten mit Schnellgerichten, der Pizza oder dem Würstchen auf dem Pappteller, dem »Vesperteller« im Straßenrestaurant, bis hin zur Wildpastete mit Rotwein im Stehrestaurant des Feinkostgeschäftes. Italienische Restaurants, in denen man schnell zu seinen Spaghetti oder zu seiner Pizza kommt, gibt es fast in jedem Ort. Auch viele der zahlreichen Cafés sind dazu übergegangen, kleine Gerichte über Mittag zu servieren.

Anders die feine Küche. Die glänzt hier natürlich mit allen Arten von Bodensee-Fischgerichten. Der Felchen als der bekannteste Fisch des Sees erscheint in verlockenden Zubereitungen, die diesem kräftig schmeckenden Fisch die würzig-

Traditionsreiches Hotel in Meersburg: Wilder Mann

sten Seiten abgewinnen: Felchen blau, Felchenfilets gebraten oder gerollt und in Weißwein gedünstet, Felchen mit pikanter Nußsahne – der Fantasie guter Köche ist keine Grenze gesetzt.

Eine einfache, aber köstliche Delikatesse, die früher überall zu haben war, sich jetzt aber mehr und mehr in die feine Küche zurückzieht, sind die Egli- (oder Kretzer-) Gerichte. Der Egli ist ein kleiner Barschfisch, der im Teigmantel etwa mit Remouladensoße und Kartoffelsalat zu den regionalen Leckerbissen gehört. Feiner kommt er mit Kapern oder Mandeln in Butter gebraten auf den Tisch. Hecht gibt es, wie Felchen, mit kunstvoll komponierten Soßen, und eine Besonderheit sind auch die immer anders, immer neu zubereiteten Bodensee-Lachsforellen mit ihrem herzhaften Geschmack. Raffinierte Köche stellen aus Bodenseefischen gern Fisch-Ragout, beispielsweise in Riesling-Soße, her.

Im Mai und Juni stehen Spargelgerichte auf der Karte. Spargel wird bei Tettnang in größeren Mengen gestochen, im Westen des Sees gibt es eher badischen – Schwetzinger oder Bruchsaler – Spargel. Nur in guten Restaurants und in der unmittelbaren Umgebung von Tettnang lassen die Köche bei Spargelgerichten Fantasie walten. Meist werden sie als Stangenspargel mit Schinken oder Kalbsschnitzel oder als Spargelgemüse serviert.

Im Herbst sind Wildgerichte sehr beliebt. Der Fasan im Speckmantel mit Kraut und Kartoffelbrei steht leider nicht mehr allzu oft auf der Karte. Fasanen werden immer rarer und kaum noch bejagt. Aber Reh- oder Hasenrücken, gebraten oder als schmackhaftes Ragout mit Spätzle gehören ebenso zu den Leibgerichten des Seeschwaben wie der Entenbraten in den Wintermonaten und die überall servierten Schnecken und Austern nach Fasnacht.

Bei den Gästen des Bodensees ist der halbtrockene Weißherbst besonders beliebt

Trinken

Zur bürgerlichen Küche gehört am See zumeist das Bier oder der offen ausgeschenkte Tischwein. Besonderer Beliebtheit bei den Gästen am See erfreut sich der aus blauen Burgundertrauben gewonnene Weißherbst; halbtrocken ist er ein guter Begleiter für kräftige Felchengerichte. Die gängigen Weine, die unter dem Namen »Sonnenufer« angeboten werden, stammen aus Großlagen, in denen verschiedene Einzellagen zusammengefaßt sind; es sind zum Teil vorzügliche Weine. Kenner und Liebhaber werden jedoch eine genau bezeichnete Einzellage vorziehen. Sie müssen deshalb aber nicht unbedingt Flaschenweine bestellen. Auch sehr gute Weine werden offen ausgeschenkt (in Vierteln, die allerdings auch nur aus 0,2 Litern bestehen können). Erst ab der Güteklasse »Kabinett« wird nicht mehr offen ausgeschenkt.

Natürlich haben auch gute Restaurants nicht jeden Seewein auf der Karte. Aber mit einem der frischen, spritzigen, oft etwas muskat-getönten Müller-Thurgau-Weine zum gebackenen Fisch, einem leichten Rotwein zum Fleisch, eventuell einem noblen Weißburgunder zu feineren Speisen wird man immer gut bedient sein. Zwei oder drei gute Seeweine finden sich auf jeder Weinkarte, die zumeist auch Weine aus dem Markgräflerland oder vom Kaiserstuhl umfaßt. Extra verlangen sollte man den Bodensee-»Obstler« (aus Äpfeln und Birnen) nach dem Essen, falls er nicht auf der Karte steht. In seiner Qualität steht er, wie auch die anderen Wässer (Mirabelle, Kirsch usw.), die in vielen Kleinbrennereien am See hergestellt werden, den großen Namen nicht nach. Serviert wird die warme Küche in allen Gaststätten und Restaurants zwischen 12 und 14 und ab 18 bis mindestens 20, oft bis 22 Uhr. Die Weinstuben, in denen man abends gemütlich zusammensitzen kann, öffnen erst um 17 oder 18 Uhr, sie bieten fast alle nur kleine kalte Gerichte oder eine Suppe.

Spezialitäten

Keinesfalls achtlos vorbeigehen sollte man an den Bäckereien der Städte und Dörfer. Die – manchmal warm verkaufte – Laugenbrezel oder das Laugenbrötchen, mit und ohne Butter, ersetzen manchem die schnelle Zwischenmahlzeit. In der Fasnachtszeit gibt es neben den üblichen »Berlinern« und Spritzringen kleine, in Fett ausgebackene, süße »Muzenmandeln«, deren Zubereitung auf alte Rezepte zurückgeht. Sie sind etwas für »Zuckermäuler«. Zum Nikolaustag werden »Nikoläuse« aus einem hellen süßen Hefeteig gebacken, zu Ostern schenkt man sich Lämmchen aus einem lockeren Biskuitteig. Vor Weihnachten findet man, leider immer seltener, noch die würzigen »Springerle«, ein Anisgebäck, das in Modeln geformt wird. Alte Springerle-Model haben heute Antiquitätenwert. Wer Obst und Früchte liebt, kommt am Bodensee reichlich auf seine Kosten. Vom Frühjahr bis zum Herbst, von den Erdbeeren, die täglich von der Reichenau frisch angeliefert werden, bis zu den Bodenseeäpfeln, zeichnet sich die Qualität des Obstes durch sorgfältige Sortenauswahl, fachliche Fruchtpflege während der Vegetation und einwandfreie Lagerung, folglich durch Aroma und Frische aus. Wer zwischen Lindau und Radolfzell oder Konstanz einen Wochenmarkt besucht, kann im Herbst oft mehr als ein Dutzend Apfelsorten finden. Da muß man von den Renetten und Boskop über Idared und Jona, Elstar, Gloria und Cox-Orange einen langen Weg an den Apfelkisten entlang gehen, bevor man sich entscheiden kann. Hin und wieder findet man sogar noch eine Kiste voller »Bauernäpfel« mit längst nicht mehr angebauten Sorten, die meist besonders gut schmecken.

Barockes und Modernes

Manchmal findet man in den kleineren Geschäften auf den Dörfern wertvolle Antiquitäten

In den Städten und Ortschaften des deutschen Bodenseeufers muß man suchen oder Glück haben, wenn man etwas wirklich Besonderes als »Mitbringsel« oder zur eigenen Freude und Erinnerung finden will. Nichts gegen Souvenir- oder Kunstgewerbegeschäfte! Es gibt sie hier zu Dutzenden, manchmal mit originellen und geschmackvollen Dingen, manchmal schlicht mit Kitsch. Hier kann nur der persönliche Geschmack entscheiden.

Antiquitäten

Wer das Unübliche und für die Region Charakteristische sucht, wird es wahrscheinlich am ehesten auf dem Gebiet der Antiquitäten und alter Kleinkunst, so etwa auch alter Stiche, finden. Hier ist das Angebot noch immer vielseitig. Bei der Grafik sind schöne alte Kupferstiche sowie Lithographien des 19. Jhs., die den See und seine Uferorte darstellen, in einschlägigen Fachhandlungen noch zu finden. Silber, Porzellan und Gläser, alte Springerle-Modeln und ähnliches Küchengerät; auch Münzen findet man, manchmal ganz unerwartet, sogar noch in kleineren Antiquitätengeschäften auf den Dörfern. Auf alte Spieldosen hat sich eine Antiquitätenhandlung in Lindau spezialisiert.

Kunst oder Kitsch: Souvenirläden gibt es überall

Auch Kleinmöbel und Spiegel wird man nicht vergeblich suchen, wenn man die Augen offenhält und einen »Blick« für den Wert der Sachen hat. Allerdings beschränkt sich das Angebot fast nur noch auf solche des Barock und des 19. Jhs. Ältere Bauern- oder Bürgermöbel sind ebenso selten geworden wie der berühmte »Bodenseeschrank«, dem man höchstens noch auf einer Auktion oder im Museum begegnet. (Seine Kennzeichen immerhin für Suchende: ein zweitüriger Barockschrank, vorn auf zwei oder drei Kugelfüßen stehend. Meist gebauchte Türen mit ausgezierten Kassetten, das Gesims ist nach oben geschwungen und in der Mitte häufig geteilt und schneckenförmig eingerollt. Die vorderen Sei-

Im historischen Zentrum von Meersburg kann man in Ruhe Mitbringsel aussuchen

tenkanten des Schranks sind oft abgeschrägt und verziert.)

Blütenpflanzen

Hobby-Gärtner können die neuesten Züchtungen – vor allem Hyazinthen, Rosen, Dahlien und Orchideen – auf der Insel Mainau nicht nur besichtigen, sondern auch beim jeweiligen Züchter bestellen. Die Namen der Züchter sind auf kleinen Schildern neben den Pflanzen angegeben. Bei der Dahlien-Schau liegt normalerweise auch eine Liste der Züchter mit Anschriften aus. Ansonsten hilft das *Sekretariat der Mainau-Verwaltung, Tel. 07531/303-0*

Kunst und Kunsthandwerk

Da der Bodensee ein Eldorado für freischaffende Künstler ist, lohnt es sich, sich nach ihren Arbeiten umzusehen. Kaum eine Stadt, kaum ein Dorf, das nicht in mindestens einer Galerie Malerei, Grafik und Plastik von Künstlern der Region ausstellt; die Kunstausstellungen in den städtischen Galerien sowie in Banken und Sparkassen (fast immer Verkaufsausstellungen) kommen hinzu. Da bieten sich aquarellierte Bodenseelandschaften oder die Radierung eines Meersburger, Markdorfer, Lindauer oder Überlinger Altstadtwinkels, eine kleine Plastik oder eine Keramik als bleibende Erinnerung an. Wer mehr Geld ausgeben kann und will, findet natürlich auch hochwertige Ölbilder; umgekehrt gibt es für schmalere Kassen einige Fotografen-Ateliers, die künstlerische Aufnahmen vom See und seinen Motiven auch im Großformat herstellen und abgeben. Schließlich haben sich einige vorzügliche Glasbläsereien und kunstgewerbliche Werkstätten am See etabliert, in die hineinzuschauen nie umsonst ist.

Kleidung, Schmuck

Mode ist am See in jeder Art und auf jedem Niveau zu haben. Freilich, Eleganz will bezahlt sein. Selbst dann, wenn sie sich den Trachtenlook zu eigen macht (der natürlich nichts mit den alten Bodenseetrachten zu tun hat). Wer aber auf der Suche nach rustikalen Modellen ist, sollte sich in einer der künstlerischen Handwebereien umsehen: Man kann dort hochwertige Kleidungsstücke in einer zeitlosen Mode – vom Schal bis zum Umhang – finden, die alles andere als hausbacken ist. Auch kleine und größere, in jedem Fall ausstellungsreife Teppiche und Wandteppiche werden in einigen dieser Werkstätten geschaffen.

Schweizer Bally-Schuhe gibt es am deutschen Bodensee in einem guten Sortiment in Lindau. Wer auf die besondere Paßform dieser Schweizer Schuhe Wert legt, kann sich die Fahrt nach Zürich sparen. Er erhält sie, zu korrekt in DM umgerechneten Preisen, bei *Schuh-Ackermann, Ludwig-Straße 38A, schräg gegenüber vom Hotel Reuttemann*

Schmuck gibt es nicht nur in Juweliergeschäften, sondern in einigen guten Goldschmiedewerkstätten, in denen meist jüngere Künstler oder Künstlerinnen Schmuckstücke nach eigenen Vorstellungen (oder auch nach den Wünschen des Kunden) herstellen.

Geigen

Eine Besonderheit eigener Art – und zwar eine weithin renommierte – stellt die Geigenbauwerkstatt eines jungen Engländers bei Heiligenberg dar. Hier kann man sich seine eigene Geige oder sein Cello »nach Maß« arbeiten lassen, in einer Bauweise, bei der nur zueinander stimmende Hölzer verarbeitet werden. Die Instrumente haben einen besonders weichen, vollen Klang. Namhafte Künstler spielen Instrumente aus dieser Werkstatt. (»Schweizerhaus« bei Heiligenberg).

Fasnachts-Figuren

Unter den vielen im Kleinformat nachgebildeten Fasnachts-Figuren fällt immer wieder der Überlinger »Hänsele« als besonders originell auf. Er ist, nicht nur in Überlingen, zur Fasnachtszeit in vielen Schaufenstern im schwarzschimmernden Schuppenkleid mit langem Rüssel zu sehen. Allerdings: Billig sind die kleinen Hänsele nicht.

Wein

Wer sich aber sein Auto einfach nur mit ein oder zwei Kisten Bodenseewein vollpacken will, sollte vorher probieren, was ihm schmeckt. Das weitere kann er getrost den Weinverkaufsstellen der Winzergenossenschaften, den Weinhäusern oder dem Direktverkauf am Rebhang überlassen. Meistens kann von dort aus auch der Direktversand an die Heimatadresse übernommen werden.

Öffnungszeiten

Noch eine Bemerkung zu den Öffnungszeiten der Geschäfte: Ganz so streng reglementiert wie in Großstädten geht es am See nicht zu. Normalerweise sind die Geschäfte geöffnet wie überall in der Bundesrepublik: von 8 oder 8.30 oder 9 Uhr bis 12.30 Uhr, von 14.30 bis 18 oder 18.30 Uhr. Friseure haben, wie überall, montags geschlossen, örtliche Ausnahmen gibt es aber. Große Geschäfte und Warenhäuser verkaufen meist auch über Mittag. Ladenschluß am Samstag: überwiegend 13 Uhr, am langen Samstag 16 Uhr. Ob Mittwochnachmittag geöffnet ist oder nicht, ist nur im Einzelfall zu klären, der Ladenschluß am Mittwochnachmittag ist nicht mehr selbstverständlich. Der lange Donnerstagabend hat sich nicht überall durchgesetzt, und es gibt kleinere Geschäfte, die überhaupt nur vormittags, nur nachmittags oder nur an einzelnen Tagen geöffnet sind. Wer sichergehen will, erkundigt sich vorher.

Schloßkonzerte und Weinfeste

Feste mit Tradition bieten Erlesenes für Kenner und Genießer

FEIERTAGE

Zu den normalen Feiertagen in der Bundesrepublik kommen in den überwiegend katholischen Gegenden Baden-Württembergs und Bayerns, also am gesamten deutschen Seeufer, folgende Feiertage hinzu: 6. Januar *Heilige Drei Könige*, im Juni *Fronleichnam*, am 15. August *Mariä Himmelfahrt* (nur in Bayern), am 1. November *Allerheiligen*. An diesen Tagen bleiben die Geschäfte geschlossen. Außerdem bleiben die Geschäfte in den meisten Orten am Rosenmontag ganz oder halbtags geschlossen, in manchen Gegenden wird schon am Donnerstag vor Fasnacht (»Schmotzige Dunschtig«) mittags geschlossen.

BESONDERE VERANSTALTUNGEN

Was die deutsche Bodenseeregion den Sportfreunden an nationalen und internationalen Ereignissen mehr oder weniger schuldig bleibt, das bietet sie doppelt und dreifach auf dem kulturellen Sektor, bei Fachausstellungen in Friedrichshafen und nicht zuletzt bei zahllosen Weinfesten in den Seeufergemeinden.

Etwa am Beginn der jährlichen Veranstaltungen steht die *IBO-Internationale Bodenseemesse* in Friedrichshafen. Industrieerzeugnisse der Nahrungs- und Genußmittelindustrie werden von über tausend Ausstellern aus europäischen und überseeischen Ländern in den Friedrichshafener Messehallen präsentiert. Die Messe hat aber auch im grenzüberschreitenden Warenverkehr mit den Anliegerstaaten des Sees ihre Bedeutung.

Am Bodensee finden die Feste auf und am Wasser statt

Februar

★ Fasnachtveranstaltungen am ganzen See.

Ende Mai/Anfang Juni

★ *Das Bodensee-Festival* wurde erst 1988 gegründet, scheint sich aber fest zu etablieren. Es wird von den Städten Konstanz und Friedrichshafen und dem Südwestfunk getragen. Das Konzept dieses Kultur-Marathons, das

MARCO-POLO-TIPS FÜR VERANSTALTUNGEN

1 Bodensee-Festival in Konstanz und Friedrichshafen
Kultur-Marathon mit allen erdenklichen Vorführungen (Seite 29)

2 Bregenzer Festspiele
Hauptattraktion des Sommers (Seite 31)

3 Fasnachtsveranstaltungen am ganzen See
Lustiges Treiben vom Dreikönigstag bis zum Aschermittwoch (Seite 29)

4 Internationale Schloßkonzerte in Meersburg
Musikalische Darbietungen namhafter Künstler (Seite 30)

5 Konstanzer Seenachtfest
Bedeutendstes Ereignis unter den Volksfesten (Seite 31)

6 Meersburger Weinfest
Fest mit Tradition für Weinkenner (Seite 31)

7 Orgelwochen in Konstanz, Überlingen und Salem
Veranstaltungen für Kenner und Liebhaber (Seite 30, 31)

Musik, Theater, Ballett, Folklore, Film und Ausstellungen umfaßt, befindet sich in der Experimentierphase. Immerhin ist das Programm seit 1991 auf weitere Spielorte (Überlingen, Salem usw.) ausgedehnt worden. Das Festival, das auch ein Rahmenprogramm mit einer »Tanzmeile« an den Uferpromenaden der beiden Städte vorsieht, wird auch von der Friedrichshafener Industrie gesponsort.

Ende Mai bis Anfang Juni

Internationaler Bodensee-Musikwettbewerb. Bregenz, St. Gallen und Konstanz wollen Nachwuchsförderung durch gemeinsame Veranstaltung von Wettbewerben und Aufführungen betreiben.

Ende Juni bis Anfang September

★ Die *Internationalen Meersburger Schloßkonzerte,* 1962 gegründet, fanden 1990 mit sieben Konzerten jeweils samstags zwischen Ende Juni und Anfang September statt. Namhafte Künstler bieten mit ihren solistischen oder kammermusikalischen Darbietungen dem Publikum im – meist ausverkauften – Spiegelsaal des Meersburger Schlosses ein erlesenes Programm.

Im Juli

Die *Lindauer Nobelpreisträger-Tagung* versammelt Anfang Juli etwa tausend Teilnehmer. Die Fakultäten wechseln zwischen Medizin und Chemie sowie Physik. Alle deutschen Preisträger werden eingeladen, ferner die Friedenspreisträger.

Im Juli/August

★ Die *Konstanzer Orgelwoche* im dortigen Münster und die *Überlinger Orgelwoche* im Überlinger Münster werden von national und international renommierten Organisten bestritten: Veranstaltungen für Kenner und Liebhaber!

Anfang August

★ *Orgelwoche im Salemer Münster.* Eine Besonderheit, zu der ebenfalls namhafte Organisten aus dem In- und Ausland eingeladen werden. Das Münster hat eine der wenigen unverändert erhaltenen »romantischen« Orgeln. Vor jedem Konzert führt der konzertierende Organist auf der Empore in Konstruktion, Disposition und Spielweise der Orgel sowie in die Werke des Abends ein.

Ende Juli bis Ende August

★ Die *Bregenzer Festspiele* finden zwar im österreichischen Ausland statt, aber sie gelten vor allem für deutsche Gäste am Bodensee als eine der Hauptattraktionen des Sommers. Die spektakulären Aufführungen auf der Seebühne oder im Festspiel- und Kongreßhaus, im Theater am Kornmarkt oder im Freien werden mit Künstlern von internationalem Rang besetzt. Von den deutschen Seeufergemeinden aus werden die Festspiele von Busunternehmern bedient, auch mit Schiffen angefahren. Rechtzeitige Kartenvorbestellungen über die örtlichen Reise- und Verkehrsbüros oder – privat – über die »Bregenzer Festspiele«, *Postfach 311, A 6901 Bregenz, Telefon – aus Deutschland – 0043 5574/224 (9–17 Uhr)* sind anzuraten.

Im August

In Radolfzell findet das *Narrenbrunnenfest* statt.

Im August

Uferfest mit Fischerstechen in Langenargen. Dabei versuchen die Fischer in historischen Kostümen einander mit langen Stangen vom Boot aus ins Wasser zu stoßen – ein Mordsvergnügen für Jung und Alt.

Mitte August

★ Das *Konstanzer Seenachtsfest*, das größte und bedeutendste Ereignis unter den Volksfesten des Bodenseesommers, findet etwa im ersten Drittel des Monats August statt. In der Stadt wird mit Verkaufsständen, Musikern und Kleinkünstlern aller Art ein umfassendes Szenario aufgebaut. Das Ganze endet mit einem riesigen Brillantfeuerwerk. Rund 150000 Besucher wurden 1989 gezählt – eine Zahl, bei der es den Stadtvätern allmählich bänglich wird.

Ende August

Markdorfer Musik- und Theatertage. Mit Kabarett, Folklore, Varieté, Jazz und Theater.

Anfang September

★ Das *Meersburger Weinfest* Anfang September nimmt unter den zahlreichen Wein- und Volksfesten in den Seeufergemeinden eine besondere Stellung ein. Es hat eine gewisse Tradition, und es ist wirklich ein Fest für Weinkenner, das auf dem Schloß- und Marktplatz die Gäste zum Umtrunk vereint. Ein Tip für echte Weinfreunde: Probieren Sie schon am Vormittag oder tags zuvor in den Weinstuben und -häusern, welcher Wein Ihnen zusagt. Wenn Sie am Abend genau wissen, was Sie wollen, erhalten Sie es auch!

ELEKTRO
POLIZEI

Von Konstanz bis Radolfzell

In keinem anderen Gebiet am Bodensee gibt es so ausgedehnte Wälder

Konstanz ist mit seinen über 73 000 Einwohnern die bedeutendste Stadt am Bodensee – und wohl auch seine lebendigste. Die Stadt hat eine kaum zu überschätzende Ausstrahlung in geistiger, kultureller sowie industriell-wirtschaftlicher Hinsicht auf dem gesamten Bodenseeraum. Sie übertrifft als Anziehungs- und Treffpunkt des Fremdenverkehrs alle anderen Städte der Region. Andererseits gibt es kein vergleichbares Gebiet am See, in dem sich so ausgedehnte Wälder finden wie auf der zum Kreis Konstanz gehörigen Höri und auf dem Bodanrück. Die Natur-

Die Einkaufsstraßen wirken fast mediterran

Hotel- und Restaurantpreise

Häuser der Kategorie 1 sind am Bodensee fast nur in den großen Städten zu finden. Sind in einer kleineren Seeufergemeinde nur Häuser der Kategorie 2 und 3 zu finden, so heißt das nicht, daß sie qualitativ unzulänglich sind. Sie können z.T. auch hohe Ansprüche erfüllen, sind aber ihrer Lage wegen billiger.

Hotels
Preise jeweils für Doppelzimmer (Ü/F)
Kategorie 1: über 200 bis ca. 400 Mark
Kategorie 2: 130 bis 200 Mark
Kategorie 3: unter 120 Mark
Privatunterkünfte und Ferienwohnungen verlangen pro Person und Tag für Übernachtung mit Frühstück 20 bis 35 Mark.
Adressen vermitteln die Verkehrsämter.

Restaurants
Kategorie 1: Hauptgericht: 35 Mark und mehr.
Kategorie 2: Hauptgericht: 22 bis 35 Mark
Kategorie 3: Hauptgericht: Unter 22 Mark. Die Preise verstehen sich ohne Getränke.

schutzgebiete des ★ Wollmatinger Rieds in unmittelbarer Nähe der Stadt sowie um und bei Radolfzell sind verwunschene Paradiese für Naturfreunde. In den Ferienorten am Zeller See und am Gnadensee, besonders aber am Rhein, faßt der Massentourismus nicht Fuß. Historisch sind fast alle diese kleinen Ortschaften mit Konstanz verbunden, waren Außenstellen seiner Klöster, standen in Abhängigkeit zum Bischof oder gar in machtpolitischer Konkurrenz zu Konstanz wie z.B. die Abtei Reichenau. Fast immer ist dieser geschichtliche Hintergrund an den alten Ortskernen, Schlössern, Burgen, Kirchen oder den Resten der profanierten Klöster noch abzulesen. Und trotz der miserablen Verkehrsbedingungen bleibt Konstanz bis heute nicht nur Verwaltungszentrum, sondern auch der innere Bezugspunkt des Kreises.

ALLENSBACH

Am Nordufer des Gnadensees sticht ein Zwiebeltürmchen über einem rosaroten Kirchturm vorwitzig in die Luft: Allensbachs ursprünglich gotische, dann barockisierte Kirche. Sie liegt leider an der vielbefahrenen Durchfahrtstraße des Seedorfes,

MARCO-POLO-TIPS FÜR KONSTANZ UND UMGEBUNG

1 Altstadtbummel in Konstanz
Er zeigt eine Fülle von interessanten Einzelheiten, die auf die Geschichte der einst mächtigen Stadt hinweisen (Seite 37)

2 Dampferfahrt mit den Schiffen der »Weißen Flotte«
Die Fahrt führt streckenweise durch eine noch fast unberührte, romantische Flußlandschaft (Seite 41)

3 Die drei Kirchen der Reichenau
Sie sind Zeugen einer großen Vergangenheit (Seite 44)

4 Hochwart
Hier haben sie den schönsten Blick über die Insel und darüber hinaus (Seite 44)

5 Kammermusikabend im Innenhof des Rathauses
In den warmen Sommernächten der Monate Juli und August von unvergleichlicher Stimmung (Seite 40)

6 Ein Nachmittag auf der Terrasse des Insel-Hotels
Hier hat man den schönsten Seeblick auf die Konstanzer Bucht (Seite 39)

7 Reichenau-Uferweg
Zu Fuß oder per Fahrrad zum Kennenlernen rund um die Insel (Seite 44)

8 Wanderung durchs Naturschutzgebiet Wollmatinger Ried
Die Führungen machen mit selten gewordenen Vogelarten bekannt (Seite 34, 41)

das heute durch das Institut für Demoskopie von Prof. Elisabeth Noelle-Neumann bekannter ist als durch seine 1000jährige Geschichte. Jenseits der Bahntrasse gibt es schön angelegte Uferanlagen mit herrlichem Blick auf die Reichenau und das Schweizer Ufer. Als Ausgangspunkt für Wanderungen und Ausflüge und zum Erholen ist Allensbach (5879 Ew.), das im Kern immer noch ländlich ist, ideal – sofern man ein ruhiges Zimmer nach der Seeseite hat. (D 3)

RESTAURANTS

Gasthaus Engel
Das Haus wird »garni« geführt, hat aber ein hübsches Garten-Café. *Dez.–Sept., Konstanzer Str. 7, Tel. 075 33/63 07, Kategorie 2*

Haus Rose garni
Einfaches Haus mit moderner und behaglicher Atmosphäre und freundlichem Personal. *März–Dez., Konstanzer Str. 23, Tel. 075 33/31 00, Kategorie 3*

AUSKUNFT

Verkehrsamt Allensbach
7753 Allensbach, Mo–Fr 8–12 und 14–16 Uhr, Rathausplatz, Tel. 075 33/63 40/7 71

ZIEL IN DER UMGEBUNG

Wild- und Freizeitpark
Großer Wild- und Freizeitpark mit Wildtieren aus ganz Europa. Anfahrt über Kaltbrunn oder Markelfingen. *Tgl. 9–18 (1. 3. bis 1. 10.) bzw. 10–17 Uhr (2. 10. bis 29. 2.), Eintritt: Erw. 5 Mark, Kinder 3 Mark, Allensbach, Tel. 075 33/ 13 22*

KONSTANZ

Wie immer Sie in Konstanz ankommen, mit der Bahn, mit dem Auto, mit dem Schiff, Sie sind immer gleich am See und immer gleich »mittendrin«, das heißt im linksrheinischen Altstadtgebiet rund um die »Marktstätte« mit ihren alten Patrizierhäusern. Dort konzentrieren sich Verkehr und Fremdenverkehr. Vorbei am mächtigen Bau des »Konzils« (das aber eigentlich nur das alte Kaufhaus der Stadt für den Italienhandel war) können Sie durch den Stadtgarten bis zum früheren Dominikanerkloster bummeln; heute beherbergt es das »Insel-Hotel«.

Stadtwärts dehnen sich die Fußgängerzonen vom Münster bis zum Schnetztor, durch die Kanzleistraße und die Rosgartenstraße – ein Einkaufsviertel wie geschaffen zum Flanieren und Verweilen. Bei den verschiedenen Festen, die hier gefeiert werden – Flohmarkt, Stadtfest, Weinfest und dergleichen – entwickeln diese Straßen einen fast südlichen Charakter. Dabei ist Konstanz (72 196 Ew., Dez. 1990) eine grundsolide, schwäbisch-bürgerliche Stadt, aufgeschlossen gewiß, aber auch nüchtern und realistisch. Gewinnt ein Gast nähere Kontakte, kommt man ihm hinreißend gastfreundlich und wohl auch redselig entgegen. Ansonsten begegnet man ihm höflich und geduldig. Was immer sich sonst in Konstanz abspielt, findet im Schatten des Münsters statt, das heute freilich nur noch eine Pfarrkirche ist. Die Altstadt rund um das Münster ist noch fast intakt. Das hat sie in doppelter Hinsicht der

Das Konzil in Konstanz: altes Kauf- und Handelshaus

Schweizer Grenze zu verdanken. Die hat ihr im Krieg die Bombenangriffe erspart. Und da Konstanz sich der Grenze wegen nur am nördlichen Ufer des See-Rheins ausdehnen konnte, ist das Industriegebiet dort in einem fast geschlossenen Raum angesiedelt. Dafür beherbergt die Altstadt das (höchst modern geführte) Theater in der ehemaligen Aula des Jesuitengymnasiums, gegenüber vom Inselhotel; übrigens ist es Deutschlands ältestes Theater. Im Konzil gibt die Süddeutsche Philharmonie ihre Konzerte, und die drei Museen der Stadt, das Rosgarten-, das Hus- und das Bodensee-Naturmuseum, logieren in alten Zunft- und Bürgerhäusern.

Nur die Universität mit ihren derzeit ca. 10.500 Studenten müssen Sie buchstäblich hinter dem (Mainau-)Wald suchen, am Nordufer des Überlinger Sees. Das ändert nichts daran, daß das alte Konstanz auch heute noch den Kern der Stadt bildet. Und das Selbstbewußtsein des echten Konstanzers liegt am Ende doch eher in der großen Vergangenheit begründet als in dem flüchtigen Hauch von Internationalität, der hier im Sommer spürbar wird.

Das Bistum Konstanz war einmal ein Zentrum geistiger, geistlicher, auch politischer Macht. 1183 schloß Kaiser Friedrich Barbarossa in Konstanz den Frieden mit den lombardischen Städten, und zwar im Haus des heutigen Hotels »Barbarossa« am Obermarkt. 1212 nahm die Stadt den jungen, um seine Macht kämpfenden König Friedrich II. von Hohenstaufen in ihren Schutz und erhielt dafür das Recht, einen Rat zu haben. Knapp zwei Jahrhunderte später wurde das Münster Ort des berühmten Konzils (1414/18), das den tschechischen Reformator Johann Hus verbrannte.

Nach der Reformation ging es abwärts mit dem Bistum. Konstanz nahm die neue Lehre an, verlor darüber seine Reichsfreiheit, und die Bischöfe zogen sich nach Meersburg zurück. Auch die freien Bürger der Stadt, die rund um »ihre« Kirche, die Stephanskirche, gesiedelt hatten, erlitten Einbußen: Die Loslösung der Schweiz vom Deutschen Reich im Jahr 1499 machte die Handelsmetropole über Nacht zur Grenzstadt, und der Handel suchte sich direktere Wege. Als 1821 schließlich auch noch das Bistum durch eine päpstliche Bulle aufgehoben wurde, wurde Konstanz Provinzstadt im Großherzogtum Baden.

Indessen, wohin sie in der ★ Konstanzer Altstadt auch gehen, Sie begegnen überall Zeugen einer großen, reichen und mächtigen Vergangenheit: Bürger- und Patrizierhäuser, die Reste der Klöster der Dominikaner, Franziskaner und Augustiner, Prachtbauten der Domherren und des Chorherrenstiftes. Wer alles sehen wollte, könnte tagelang umherwandern. (Über Stadtführungen gibt die *Tourist Information am Bahnhofsplatz* Auskunft.) (E 4)

BESICHTIGUNGEN

Ehemalige Domprobstei

Am Ende der Niederburg am Südkopf der Rheinbrücke fällt das Gebäude der ehemaligen Domprobstei durch elegante Zwerchgiebel und ein reichgestaltetes spätbarockes Portal auf. *Konzilstraße*

Münster Unserer Lieben Frau

In seiner heutigen Form wurde es 1089 geweiht. Sein ältester Teil ist die romanische Krypta. An der weiteren Baugeschichte des Münsters sind fast alle späteren Kunststile beteiligt. Das dreischiffige romanische Langhaus wurde 1435 durch gotische Umbauten verändert. Die reichbemalte romanische Holzdecke des Mittelschiffs wich erst 1683 dem heutigen Gewölbe. – Zwei besondere Sehenswürdigkeiten sollten Sie beachten: Die *Schnegg*, eine Spindeltreppe in einem zierlichen Türmchen im Thomas-Chor, begonnen 1438, und das *Heilige Grab* in der »Mauritius-Rotunde«, ein mit Maßwerk verzierter Sandsteinbau, der im Innern die Trauernden am Grabe Christi zeigt. – Späteste Hinzufügung am äußeren Bild des Münsters ist die neugotische Turmpyramide auf dem großen Westturm (1856). *Tgl. 8–ca. 17.30 (April–Okt.; Okt.–April bis zur Dämmerung), Führungen im Juli/Aug. jeweils Do 20 Uhr, sonst nach Anmeldung beim Mesner Konrad Schatz, Brückengasse 3, Tel. 23752*

Rathaus

Es ist südlich der Marktstätte und war früher Zunfthaus der Leineweber, »Zur Salzscheibe« genannt, einer der stilreinsten Bauten (florentinischer) Renaissance in Südwestdeutschland. Die Fassadenmalereien an der Vorderfront zeigen Szenen aus der Konstanzer Stadtgeschichte. Der Innenhof mit seinen Rundtürmen neben dem Arkadendurchgang ist eine Insel wohltuender Ruhe und Harmonie. *Besichtigung (ausgenommen der Ratssaal) während der Dienststunden, Kanzleistraße*

Rheintor- und Pulverturm

Die beiden alten Türme am südlichen Kopf der Rheinbrücke gehörten einst zur Stadtbefestigung. Das auskragende Dachgeschoß des Rheintors ist prägnanter ausgeprägt als beim Pulverturm, dessen kompaktes Mauerwerk die Eckbastion der Stadtbefestigung bildete, die während der mittelalterlichen Judenverfolgungen auch als Gefängnis diente. *Rheinsteig*

Wessenberghaus
Genannt nach seinem letzten Besitzer, dem letzten Bistumsverwalter Heinrich Freiherr von Wessenberg, ist heute Städtisches Kulturzentrum mit Stadtbücherei und Gemäldegalerie. Interessantes, mehrteiliges Gebäude mit Arkadenhof, das den ehemaligen Domherrenhof »Zum Panterthier« umfaßt. Ausstellungen des Konstanzer Kunstvereins und der Städt. Wessenberg-Gemäldegalerie. *Kunstverein Di–Sa 14.30–19 Uhr, So 11–17 Uhr. Gemäldegalerie Di–Fr 10–12 und 14–17 Uhr, Sa/So 11–14 Uhr, Wessenbergstr. 41*

Werfen Sie im Vorbeigehen noch einen Blick auf das *Haus zum Wolf* in der Rosgartenstraße, es zeigt einzigartige Rokoko-Stukkaturen an der Fassade.

MUSEEN

Archäologisches Museum
Die Außenstelle des Archäologischen Landesmuseums Stuttgart im ehemaligen Kloster Petershausen zeigt u.a. den Bronzeschatz von Ladenburg, den bedeutendsten römischen Schatzfund des Landes. (Eröffnung März 1992; Näheres über Touristinformation).

Bodensee-Naturmuseum
Das Museum zeigt Objekte aus dem Lebensraum Bodensee (Vögel, Fische, Versteinerungen, Keltenfunde u.a.). Wechselnde Sonerausstellungen. *Di–Fr 10 bis 17, Sa/So 11–16 Uhr, Eintritt frei, Katzgasse 5–7*

Hus-Museum
Es gehört der Prager Museumsgesellschaft. In dem alten Bürgerhaus soll Johann Hus vor seiner Verbrennung 1415 gewohnt haben. Man weiß inzwischen, daß das nicht stimmt. Aber die von den Tschechen präsentierten Sammlungen des kleinen Museums, die das Leben des Reformators und die Geschichte der Hussiten dokumentieren, sind sehenswert. *Tgl. 10–12 und 14–16 Uhr, Eintritt frei, Hussenstr. 64, Tel. 29042, nicht jeden Mo. geöffnet*

Rosgartenmuseum
Das Museum im alten Zunfthaus der Metzger enthält bedeutende Sammlungen aus prähistorischer Zeit (im Erdgeschoß). Ein großes Stadtmodell der mittelalterlichen Stadt im ersten Obergeschoß sollten Sie sich ansehen, bevor Sie sich den kostbaren Urkunden, Handschriften und vor allem der im Original vorgestellten Konzilschronik von 1414/18 sowie der Plastik und Malerei aus dem 14. bis 19. Jh. zuwenden. *Di–So 10 bis 17 Uhr (Mai–Sept.), Eintritt frei, Rosgartenstraße 3–5*

RESTAURANTS

In Konstanz findet man im Altstadtbereich fast in jeder Straße mehrere Gaststätten, und man wird fast immer zufrieden sein mit dem, was sie dem Gast vorsetzen.

Café Jakobs
Es hat eine kleine Karte mit schmackhaften und preiswerten (Zwischen-)Gerichten. Ruhige, gepflegte Atmosphäre. Vorzügliches Café mit großer Kuchenauswahl. *Zu den üblichen Geschäftszeiten, Sa bis 18 Uhr, Kanzleistr. 9, Kategorie 3*

Historische Weinstube des Hotels Barbarossa
Es ist das einzige zugängliche der alten Häuser am Obermarkt. Ein wegen seiner gutbürgerlichen und herzhaften Küche vielbesuchtes Restaurant, das allerlei Bodenseespezialitäten serviert. *Küche tgl. 11–14 und 18 bis 23 Uhr, Am Obermarkt 8, Tel. 07531/25047, Kategorie 2–3*

Restaurant des Insel-Hotels
★ (und Dominikanerstube) In großzügiger, solider Eleganz, in der Dominikanerstube historisch gemütlich eingerichtet. Vom Restaurant schöner Seeblick. Die Küche bietet einheimische Gerichte in verfeinerter Form, aber auch Internationales. *12–14 und 18.30–21.15 Uhr warme Küche, Auf der Insel, Tel. 07531/25011, Kategorie 1*

Stephanskeller
In einem alten Patrizierhaus und in einem holzgetäfelten Raum mit üppigem Blumenschmuck. Dort essen Sie das Feinste vom Feinen. *Tgl. ab 12 Uhr, Ruhetag So und feiertags. Stephansplatz 41, Tel. 07531/23566, Kategorie 1*

WEINSTUBEN

Altstadt-Weinstube
Sie ist in dem 750 Jahre alten Haus »Zum Gansbühl« eingerichtet und bietet Weine von ausgesuchten kleineren badischen Winzergenossenschaften. *Tgl. außer So und feiertags, 18 bis 1 Uhr, Schreibergasse 40, Tel. 07531/27788*

Weinstube Zum Salzbüchsle
Im 14. Jh. als Salzhaus der Fischer erbaut. Gemütliche Atmosphäre. Badische und französische Weine. Kleine Gerichte. *Tgl. 18.30–1 Uhr, Salmannsweilergasse 26–28, Tel. 07531/25379*

HOTELS

Hotel Bayerischer Hof
Zentral gelegen, komfortabel und behaglich. Es wird nach einem Großbrand leider nur noch »garni« geführt. *Rosgartenstr. 30, Tel. 07531/22075, Kategorie 2*

Hotel Sonnenhof
Ein kleines, preiswertes, gepflegtes »garni«-Haus nahe der Schweizer Grenze. Es ist auch für längere Aufenthalte geeignet. *Otto-Roggenbass-Straße 3, Tel. 07531/22257, Kategorie 3*

Steigenberger Insel-Hotel
Erstklassiges Haus im alten Dominikanerkloster. Historisches Ambiente verbindet sich mit modernem Komfort. *Auf der Insel, Tel. 07531/25011, Kategorie 1*

SPORT

Sie können in Konstanz fast alle gängigen Sportarten betreiben (Minigolf, Radwandern, Rudern, Reiten, Schwimmen, Surfen, Tauchen, Tennis, Wandern, Wasserski). Besonders schön ist das *Freibad »Strandbad Jakob« am*

Die Faszination des Fortschritts

... hat die Konstanzer im 19. Jahrhundert ergriffen. Sie rissen – unter anderem – ihre gut erhaltenen alten Stadtbefestigungen ab und schütteten damit den neuen Hafen auf. Nicht nur das: Sie führten die neue Eisenbahntrasse unten durch das Konzilgebäude hindurch. Dafür warfen freilich die Bürger ihrem Bürgermeister die Fenster ein, und die Untat wurde schleunigst geändert.

»Hörnle«. Genauere Auskünfte bei der Tourist Information am Bahnhofplatz, Tel. 07531/284376

EINKAUFEN

Atelier-Galerie Michael Zobel
Künstlerisch eigenwillig und individuell gestalteter Schmuck. *Mo–Fr 10–13 und 14.30–18 Uhr, Mi geschl., Rosgartenstr. 4*

Glashaus
Sie suchen etwas Ausgefallenes? Vielleicht finden Sie unter den künstlerischen Objekten, Schalen, Vasen, geblasenen und geschliffenen Gläsern auch etwas für sich. *Mo–Fr 14.30–18.30, Sa 10–13 Uhr, Gerichtsgasse 8*

Kunsthaus Repphun
Hier können Sie alte Stiche und Kunstdrucke selbst auswählen. *Kreuzlinger Straße 39*

Spitalkellerei Konstanz
Wein auch in größeren Mengen. *Wessenbergstraße 41*

AM ABEND

Casino Konstanz
Man spielt Roulette, American Roulette und Black Jack. In den *Casino-Gaststätten* können Sie Ihren Gewinn »begießen«. *Tgl. 14 bis 2, Sa bis 3 Uhr, Tel. 07531/54081*

Kammermusikabende
★ Außer den sommerlichen Kammermusikabenden im Rathaus-Hof finden regelmäßig Stadtgartenkonzerte sowie zahlreiche musikalische Veranstaltungen in Kirchen, im Insel-Hotel und an anderen Spielorten statt. Theater und Orchester haben von Anfang Juli bzw. Juni bis September Ferien.

Kino-Center »Roxy«
Versucht es auch mit erotischen Filmen, zeigt aber in mindestens zwei seiner fünf Kinos ein gut ausgewähltes Programm. *Bodanplatz 6–8*

Kino-Center »Scala«
Mit drei Kinos wird ein ausgesuchtes Programm guter Filme gezeigt, oft aus der neuesten Produktion. *An der Marktstätte 22*

Tanzbar des Seehotels Siber
Sehr beliebt bei jungen Leuten. *Tägl. ab 20 Uhr, Seestr. 25*

Uralt-Schiff »Kempten«
Junge Leute bevorzugen die Tanzabende auf dem Schiff im Konstanzer Hafen. *Mi–Sa ab 21.30 Uhr*

»Weiße Flotte«
Lädt am Wochenende zu nächtlichen Tanzfahrten auf dem See ein.

Mehr als ein halbes Dutzend *Diskotheken* ist normalerweise bis 1 Uhr, gelegentlich bis 5 Uhr morgens für junge Leute geöffnet.

AUSKUNFT

Tourist Information Konstanz
Mo–Fr 8–20 Uhr, Sa 9.30–13.30 und 16–19 Uhr, So 10–13 Uhr, Am Bahnhofsplatz 13, Tel. 07531/284376

ZIELE IN DER UMGEBUNG

Arenenberg
Knapp 20 km westlich von Konstanz. Besonders hübscher Ausflug zum Schlößchen der Königin Hortense, Frau des Napoleon-Bruders Joseph. Es werden auch Gruppenausflüge mit Privatbooten organisiert. (C 4)

Ausflüge mit den Schiffen der »Weißen Flotte«
★ Sie sind zu allen Ferienorten und Städten am See möglich, auch Rundfahrten auf dem Überlinger oder Obersee. Empfehlenswert ist eine Fahrt entlang des Rheins nach Stein und Schaffhausen; sie führt streckenweise durch eine unberührte Naturlandschaft (Linienschiffe von Kreuzlingen–Konstanz).

Gottlieben
In der Schweiz am Seerhein. Mit seinen berühmten Gasthäusern »Drachenburg« und »Haus zur Waage« ein schönes Ausflugsziel. (D 4)

Wanderung durchs Wollmatinger Ried
★ Eine geführte Wanderung durchs Wollmatinger Ried macht mit vielen seltenen Vogelarten bekannt, darunter solchen, die vom Aussterben bedroht sind. Das Ried ist eines der größten und bekanntesten Vogelschutzgebiete in Deutschland. (D 4)

RADOLFZELL

Da Radolfzell (rd. 26000 Ew.) Bahnknotenpunkt zwischen Lindau–München und Konstanz–Basel ist, wird es von vielen ganz zu Unrecht nur als Durchgangsort betrachtet. Radolfzell hat eine reizvolle Altstadt rund um das Münster Unserer Lieben Frau und den Marktplatz. Es hat eine glasüberdachte Einkaufspassage zum Bummeln und einen Stadtgarten, der malerisch auf den alten Stadtbefestigungen angelegt ist. Und es hat auf der Halbinsel Mettnau ein Kur- und Erholungszentrum wie geschaffen für geruhsame Ferien.

Der Veroneser Bischof Ratold ließ sich 826 hier eine »Cella« zum Meditieren erbauen. Aus der »Cella«, die der Stadt ihren Namen gab, wurde später das Münster, von dem aus heute noch an jedem dritten Julisonntag beim »Hausherrenfest« die Reliquien der drei heiligen »Hausherren« Zeno, Theopontus und Senesius in feierlicher Prozession durch die Stadt getragen werden. 1160 erhielt Radolfzell das Marktrecht, nach dem 13. Jh. kam es, wie fast der gesamte Bodensee, unter habsburgische Herrschaft. Erst 1805 wurde die Stadt dem Großherzogtum Baden zugeteilt. Industrialisierung und der Eisenbahnanschluß sorgten im

19. Jh. für einen wirtschaftlichen und bevölkerungsmäßigen Aufschwung. (B 3)

BESICHTIGUNGEN

Münster Unserer Lieben Frau
Eine schlichte dreischiffige Basilika der Spätgotik, z.T. mit barocker Innenausstattung (erbaut 1436–1520). *Tgl. 7–19 Uhr, Marktplatz 7*

Österreichisches Schlößchen
Ursprünglich war es für einen österreichischen Erzherzog bestimmt. Es wurde 1626 begonnen, aber erst im 18. Jh. fertiggestellt. Der schönste Profanbau der Stadt. *Am Marktplatz*

Ritterschaftshaus
Im heutigen Amtsgericht. War von 1609–1806 Versammlungsort der Hegauritterschaft. Schönes Renaissance-Portal. *Die Innenräume können teilweise Mo–Fr von 8–12 und 14–17 Uhr besichtigt werden, Seetorstraße 5*

RESTAURANTS

Hotelrestaurant Adler
Rustikal ausgestattetes Restaurant in der Altstadt. Ausgezeichnete badische Küche und Weine. *Feb.–Mitte Dez., Seestr. 34, Tel. 07732/3473, Kategorie 2*

Hotelrestaurant Krone
Eines der ältesten Gasthäuser am See. Vorzügliche Küche und Weinstube. *Am Obertor, Tel. 07732/4804, Kategorie 1/2*

Stadtrestaurant Mettnau
Sie können zwischen Schweizer Küche und Bodenseespezialitäten wählen. *Tanzabende: Di und Sa ab 19.30 bis ca. 24 Uhr, April–Sept., Strandbadstraße 102, Tel. 07732/1650, Kategorie 2*

HOTELS

Am Stadtgarten
Hotel garni in der Altstadt, komfortables, modern eingerichtetes Haus. *Höllturmpassage 2, Tel. 07732/4011, Kategorie 2*

Hotel Seerose
Die sauberen freundlichen Zimmer haben z.T. Dusche und auf Wunsch Kinderbetten. Preiswert. *Mooser Straße 36, Tel. 07732/3579, Kategorie 3*

SPORT

Die vielfältigen Sportmöglichkeiten werden durch zwei Besonderheiten ergänzt: Beim *Bodensee-Reiter* erteilt die *Reitschule Steidle* Reitstunden, Segelunterricht finden Sie in der *Bodensee-Segelschule Radolfzell*. Wer abenteuerlustig ist, kann bei Stanko Petek auch das *Drachenfliegen* erlernen. *Reitschule Steidle, Mooser Straße 49, Tel. 07732/4122; Segelschule Radolfzell, Zeppelinstraße 21, Tel. 07732/54390; Stanko Petek, Rehberg b. Radolfzell, Tel. 07732/2728*

AUSKUNFT

Verkehrsamt Radolfzell
Im Rathaus, Mo–Fr 8–12.30 und 14–18 Uhr, Tel. 07732/3800

ZIELE IN DER UMGEBUNG

Moos
Auch die angeschlossenen Gemeinden *Iznang* und *Weiler* sind ruhige, familienfreundliche Er-

holungsorte in geschützter Seelage. Ausgangsorte für Wanderungen auf der *Höri.* Yachthafen und Strandbäder. Gute kleine Hotels und Gasthöfe. *Information beim Verkehrsverein, Vordere Höri, Mo–Fr 9.30 bis 11.30 Uhr, 7761 Moos, Rathaus, Tel. 07732/2544.* (B 3)

Singen

Der Ort erhielt erst 1899 Stadtrechte und erlitt schwere Bombenschäden im Zweiten Weltkrieg. Heute ist er mit fast 50000 Einwohnern eine aufstrebende Industriestadt (Maggi-Werke, Alusingen) und Einkaufsstadt für das Umland. Außerdem bildet es so etwas wie einen Kulturtreff, vor allem für junge Kunstinteressierte. Das kürzlich erweiterte *Kunstmuseum* zeigt Malerei aus dem 19. und 20. Jh., die einen Bezug zur Bodenseeregion hat. *Di–Sa 14–18, So 10–12 und 14–18 Uhr, Eintritt frei, Ekkehardstr. 10, Tel. 07731/61118.* Die Ausstellungen der *Galerie Kunsthäusle* werden in der ganzen Region und darüber hinaus beachtet. *Tgl. 9.30–12.30 und 16 bis 20 Uhr, Sa 10–14 und So 14 bis 18 Uhr, Eintritt zu Ausstellungen: 4 Mark, Kunsthäusle, Lindenstraße 31, Tel. 07731/62910*

Auskunft gibt es beim *Städt. Verkehrsamt 7700 Singen, Rathaus, Mo–Fr 7.30–18, Sa 8–12 Uhr, Tel. 07731/85-473.* (A 2)

DIE REICHENAU

In großem Bogen umrunden die Seeufer die Insel Reichenau, die den See in den nördlichen Gnadensee und in den südlichen Zeller See teilt. Die waldreiche Halbinsel Höri mit dem 600 m hohen Schienerberg im Süden, der Bodanrück mit dem Fisch- und Vogelparadies im Naturschutzgebiet am moorigen Mindelsee im Norden sind ideale Wandergebiete. Wenn Sie heute über den 6 km langen Fahrdamm mit seiner weithin sichtbaren Pappelallee die Insel erreichen, werden Sie sich vielleicht durch den lebhaften Autover-

Glanzvolle Vergangenheit: Insel Reichenau

kehr selbst zwischen den Gemüsefeldern verwirren lassen. Nutzen Sie den ★ Uferrundweg zum Kennenlernen!

Auf dem höchstgelegenen Punkt der Insel, auf der 4381 Menschen leben, dem ★ »Hochwart«, haben Sie einen einzigartigen Ausblick nach allen Seiten. (C, D 4)

BESICHTIGUNGEN

Kirche in Oberzell

★ Die älteste und kunstgeschichtlich bedeutendste der drei Kirchen. Die dreischiffige Basilika, um 900 erbaut, ist wegen ihrer – kürzlich restaurierten – Malereien weltberühmt. Die Malereien stellen die Wundertaten Christi dar. *Tgl. 8–18 Uhr, Führungen Mai–Sept. n. Vereinb.*

Marienmünster in Mittelzell

★ Unweit des Gnadensees bildet das Münster das weithin sichtbare Wahrzeichen der Insel. Die ehemalige Benediktinerklosterkirche ist weiträumig als dreischiffige Basilika gebaut; sie ist im Lauf der Jahrhunderte mindestens neunmal erweitert, um- und neugebaut worden. Trotzdem wirkt das romanische Langhaus mit gotischem Chor erstaunlich geschlossen. Es präsentiert in seiner Größe die ungeheure Macht des Ordens. Die Schatzkammer des Münsters kann man nur bestaunen. *Tgl. 8 bis 18 Uhr, Führung n. Vereinb.*

Stiftskirche St. Peter und Paul in Niederzell

★ Die Kirche entstand aus einer »Cella« des Bischofs Egino von Verona. Im 11. Jh. wurde sie umgebaut, im 18. Jh. barockisiert. Intimität des Raumes und Reichtum der Ausstattung sind faszinierend. *Tgl. 8–18 Uhr, Führungen Mai–Sept. n. Vereinb.*

RESTAURANTS

Daker-Stube

Grill-Spezialitäten direkt vom Holzkohlenfeuer. *Tgl. außer Do durchgehend bis ca. 22 Uhr, Fohrenbühl 18, Tel. 07534/78421, Kategorie 2/3*

Reichenauer Salatstube

In dem Lokal mit modernem »Wintergarten-Look« gibt es ein großes Salatbüffet zum Selbstauswählen. Familien mit Kindern werden sich hier besonders wohlfühlen. *Mai–Sept., 11.30–21 Uhr, Untere Rheinstr. 21, Tel. 07534/7339*

HOTELS

Insel-Hof

Hier können Sie preiswert wohnen. Das zentral gelegene Haus hat auch preiswerte Touristenzimmer. Küche mit einheimischen Gemüsen, Salaten und Fischgerichten. *Rest.-Ruhetag Fr, Pirminstr. 156, Tel. 07534/246, Kategorie 3*

Romantik-Hotel Seeschau-Restaurant

Ein anspruchsvolles Haus mit badischer und französischer Küche. Der Komfort des Hauses wird durch die schöne Lage am See noch angenehmer. *An der Schifflände 8, Tel. 07534/257 und 7210, Kategorie 2*

Strandhotel Löchnerhaus

Liegewiese direkt am Wasser, mit eigenem Bootssteg und Badestrand. *An der Schiffslände 12, Tel. 075 34/411, Kategorie 2*

EINKAUFEN

Kellerei des Winzervereins der Insel Reichenau
Während der Geschäftszeit können Sie die renommierten Weine der Insel kaufen.
Münsterplatz 4

Rosendorn Gold- und Silberschmiede
Zwei junge Künstler zeigen Schmuck, Objekte und Geräte, auch Anfertigungen.
Rosendornweg 1

Werkgalerie auf dem Hochwart
Künstlerische Keramiken (Objekte, Vasen, Schalen usw.)
Di–Sa 10–18 Uhr

AM ABEND

Restaurant-Café Löwen
Gemütlicher Aufenthalt in der Grill- und Bierbar. Ab 21 Uhr gibt es Steaks vom offenen Grill. *Mi Ruhetag, Pirminstr. 144, Tel. 075 34/229, Kategorie 2/3*

AUSKUNFT

Verkehrsverein Reichenau e. V.
Ergat 5, Postfach 9, 7752 Insel Reichenau, Tel. 075 34/276

RHEIN UND UNTERSEE

Für die am Rhein gelegenen Ferienorte im Landkreis Konstanz gibt es nur eine Bezeichnung: Sie sind idyllisch. Sie liegen fernab jeglichen Trubels am Südufer der Höri; gegenüber bilden die bewaldeten Hänge des Schweizer Ufers mit ihren Burgen und Schlössern eine malerische Kulisse. In dieser Landschaft zwischen Obstbäumen, Wiesen und Feldern und den Wäldern der Höri kann man sich gut ausruhen. Die Orte am Rhein werden im Sommer von fast allen Schiffen der Linie Kreuzlingen–Konstanz-Stein a. Rh. angefahren.

Ob man in Gaienhofen, Horn, Gundholzen oder Hemmenhofen (zus. 2868 Ew.) oder Öhningen (3452 Ew.) Urlaub macht, man wird überall gepflegte kleine Hotels und Gasthöfe, gute Küche, moderne Ferienanlagen und ideale Wassersportmöglichkeiten finden. Außerdem bietet gerade diese Südseite der Höri wunderschöne Wandermöglichkeiten. (B 4)

RESTAURANT

Tavernengrill
»Man« trifft sich in der Grillstube des Sport- und Tagungshotels Höri abends zu Unterhaltung, Musik und Tanz. *Ostern bis Okt., tgl. 20–2 Uhr, 7776 Hemmenhofen, Uferstr. 20, Tel. 077 35/81 10, Kategorie 1*

HOTEL

Sport- und Tagungshotel Höri
Erster-Klasse-Hotel mit eigenem Stand und Sportmöglichkeiten (Tennis, Reiten). *Uferstr. 20, Tel. 077 35/81 10, Kategorie 1*

AUSKUNFT

Verkehrsbüro Gaienhofen
Mo–Do 7.30–12 und 13–16.30, Mi bis 18 Uhr, Fr nachm. geschl., 7766 Gaienhofen, Rathaus, Tel. 077 35/818-23

Von der Mainau bis zur Birnau

Erholung und Ruhe in einer Landschaft wie aus Grimms Märchen

Am Ausgang des Sees, dort, wo er sich schon zum Obersee hin weitet, liegt die »Trumpfkarte« des Bodensees, die Insel Mainau. Ihr Kontrapunkt am anderen Ufer ist die spätbarocke Birnauer Basilika. Weiter westlich sehen Sie die dichten Wälder an den Steilhängen des Südufers mit ihren romantischen Schluchten, eine Welt wie aus Grimms Märchen. Und nach der alten Kaiserpfalz Bodman stoßen Sie ans Ende des Sees, mit dem Blick in die weite Hegau-Ebene. Vor Überlingen ragen die Abstürze der Molassefelsen hoch. Dort finden sich noch die prähistorischen »Heidenhöhlen«, von denen freilich niemand sagen kann, ob sie Wohn- oder Kultstatten oder beides waren. Betreten kann man sie nicht. Nähern Sie sich Überlingen vom See her, haben Sie das großartige Bau-Ensemble der Altstadt mit Münster, Rathaus und Greth vor Augen. Und noch ein Stück weiter ostwärts steht dann die Birnau auf einsamer Höhe.

Früher ein verwildertes Areal, heute eine große Attraktion: Mainau

Es ist ein geschichtsträchtiges Land rund um den Überlinger See, eine in sich ruhende Welt, und Urlaub am Überlinger See: Das ist Erholung, Ruhe in schöner Landschaft, dabei viel lebensfrohe Abwechslung, Sport und Wandern.

BODMAN

Bodman ist im Sommer der beliebteste Yachthafen für Segler, die am Wochenende und in den Ferien aus Stuttgart und dem Neckarraum anfahren. – In der Nähe der heutigen Pfarrkirche soll die alte karolingische Kaiserpfalz »Potoma« gestanden haben. Das schöne, zwischen dem 18. und 20. Jh. gebaute Schloß wird heute noch von den Grafen von Bodman bewohnt, dem einzigen Geschlecht am See, das seit karolingischen Zeiten hier ansässig ist. Der Schloßpark kann besichtigt werden. – Wanderwege führen zu einer alten Burg auf dem Frauenberg und zur Ruine Alt-Bodman. – Bodman ist durch Busverkehr mit den Bahnstationen Radolfzell und Ludwigshafen, im Sommer durch Motorbootverkehr auch direkt mit Ludwigshafen–Überlingen verbunden. (C 2)

RESTAURANT

Pferdehof
Segler treffen sich hier gern zum Wochenende und am Abend. Es gibt schmackhafte Grill- und Fischspezialitäten (und vieles andere). Gemütliches Ambiente. *Di–Sa ab 17, So 12–15 und ab 17 Uhr, Untere Kapellenäcker 4, Tel. 07773/5410, Kategorie 2*

HOTELS

Gasthof Adler
Das unterhalb des Schlosses gelegene, renommierte Haus ist dem See so nah wie dem Wald. Die Zimmer sind teilweise mit Dusche und WC ausgestattet. Gutbürgerliche Küche. *April bis Okt., Kaiserpfalzstraße 119, Tel. 07773/5650, Kategorie 3*

Hotel Seehaus
Das gutbürgerliche Haus liegt in ruhiger Seenähe und hat eine schöne Seeterrasse. Es gibt verschiedene Wassersportmöglichkeiten. *Mai bis Okt., Kaiserpfalzstraße 21, Tel. 07773/5662, Kategorie 2/3*

AUSKUNFT

Verkehrsamt Bodman-Ludwigshafen
Im Rathaus Ludwigshafen, Mo–Fr 9–12 und 14–17 Uhr, See-Str. 5, Tel. 07773/5486

MARCO-POLO-TIPS FÜR DEN ÜBERLINGER SEE

1. **Ein Ausflug nach Salem und Heiligenberg**
Eine unmittelbare Begegnung mit der Geschichte (Seite 57)

2. **Bootsfahrt von Überlingen nach Bodman**
Richtig »romantisch« (Seite 56)

3. **Konzert der Birnauer Kantorei in der Basilika**
Ein Erlebnis von Musik in »himmlischer Umgebung« (Seite 56)

4. **Stadtgraben in Überlingen**
Er ist »für alte Leute viel zu schmal«, aber überaus malerisch (Seite 53)

5. **Nikolaus-Münster in Überlingen**
Hier stoßen Sie auf viele Kostbarkeiten (Seite 54)

6. **Ratssaal in Überlingen**
Hier haben Sie die ganze mittelalterliche Gesellschaftsordnung auf einen Blick (Seite 53, 54)

7. **Stadtgarten in Überlingen**
Für Pflanzenliebhaber eine Fundgrube, besonders die »Sukkulenten-Anlage« ist eine Rarität (Seite 54)

8. **Ein Morgen auf der Mainau**
Wenn die Insel noch still ist (Seite 49)

LUDWIGSHAFEN

Vom See her werden Sie Ludwigshafen mit seinem großen Sporthafen und dem langgestreckten Strandbad beim Kurpark idyllisch finden. Aber Ludwigshafen – es hat mit Bodman zusammen 3600 Ew. – ist vom Durchgangsverkehr arg geplagt, und das wird sich auch erst ändern, wenn die Weiterführung der A 98 von Stockach nach Überlingen gebaut ist. Trotzdem ist Ludwigshafen ein angenehmer Ferienort, ideal für Gäste, die viel wandern, schwimmen und segeln wollen. Ludwigshafen hieß früher Sernatingen, erst als der badische Großherzog Ludwig hier einen Hafen anlegen ließ, nahm das alte Fischer- und Bauerndorf seinen heutigen Namen an. (C, D 2)

HOTELS

Hotel-Pension Krone
Älteres, sehr behaglich ausgestattetes Haus im Ortszentrum. Bürgerliche Küche. *Geschl. Ende Okt., Hauptstraße 24, Tel. 07773/5316, Kategorie 2/3*

Strandhotel Adler
Das Hotel liegt direkt am See. Seine Restauration wurde zu einem »Gourmet-Restaurant« erweitert. *Restaurant: 9–24, warme Küche 12–14 und 18–21.30 Uhr, Hafenstraße 4, Tel. 07773/5214, Kategorie 2*

AUSKUNFT

Verkehrsbüro Ludwigshafen im Rathaus
Mo–Fr 8–12, Mi auch 16–18 Uhr, Rathausstraße 2, Tel. 07773/5023

DIE MAINAU

Einen »Paradiesgarten im Kleinen« habe er ausbauen wollen, sagt der Inselherr, Graf Lennart Bernadotte. Er hat diese Absicht so verwirklicht, daß heute zwei Millionen Menschen im Jahr die berühmte Blumeninsel besuchen. Womit die Mainau allerdings an ihre Grenzen gestoßen sei, meint Gräfin Sonja Bernadotte. Kein Wunder! Das Blütenwunder im Bodensee ist eine seiner großen Attraktionen. Gärtner und Liebhaber vieler Länder interessieren sich allein für die Exoten: die Palmen und die Bananenstauden, die Zitronen-, Orangen- und Feigenanlage. Andere suchen nur die Schönheit der Blüten. Viele Hobby- und Berufsgärtner informieren sich hier über Neuzüchtungen von Tulpen, Rosen, Dahlien. An der Wahl der »Dahlienkönigin« – der schönsten und farbenprächtigsten Neuzüchtung unter den Dahlien – beteiligen sich Tausende von Besuchern. Gönnen Sie sich trotzdem eine halbe Stunde oben im Koniferenbereich. Sie können hier still auf einer Bank sitzen und, wenn Sie Glück haben, den Pfauen zusehen, die majestätisch über die Lichtungen zwischen den ebenfalls majestätischen – und sehr seltenen – Bäumen herumstolzieren. Und noch ein Tip: ★ Stehen Sie einmal früh auf, die Insel ist schon ab 7 Uhr für Besucher geöffnet. Sie erreichen sie über die Brücke an der Südseite. Sie werden feststellen, daß es noch mehr zu sehen gibt als Blumen. Von 1271 bis 1806 war die Insel eine Kommende des Deutschritterordens. Sie se-

Die Blumeninsel Mainau: Tulpenschau im Frühling

hen das schwarze Balkenkreuz des Ordens im Giebelwappen des Schlosses. Auf der Brücke haben Sie zuvor schon das vielfotografierte »Schwedenkreuz« passiert; es wurde zum Gedenken an die schlimme Zeit der schwedischen Besatzung während des 30jährigen Krieges hier aufgestellt. Als der Deutsche Orden die Insel 1806 abgab, wechselte sie mehrfach den Besitzer, kam durch Heirat in schwedischen Besitz und auf diesem Wege an Graf Lennart Bernadotte, der aus dem damals völlig verwilderten Areal die heutige Blumeninsel schuf. Er hat sie in eine Stiftung eingebracht. Es gibt Ausstellungen und Konzerte auf der Mainau, und im Winter gibt es »Candle-light-Dinners« in der »Schwedenschenke«. Die Insel ist neuerdings ganzjährig geöffnet, Schiffsverkehr bis Ende Oktober. *Öffnungszeiten: 7 Uhr bis zur Dämmerung, Einzelperson 11 Mark, Rentner 9 Mark, Kinder von 6–16 Jahren 3 Mark. Gruppenermäßigungen*

Anfahrt per Bus (Nr. 4) von Konstanz bis Mainauparkplatz, per Rad oder Auto auch über Meersburg – Fährehafen Staad. (E 4)

BESICHTIGUNG

Barockschloß

Der große Ordensbaumeister Joh. Caspar Bagnato erbaute es 1739/46. Auch die Schloßkirche stammt von ihm. Sie steht den Besuchern jederzeit offen, während im Schloß nur bei Veranstaltungen der untere Wappensaal geöffnet ist. Woraus Sie schließen können, daß das Schloß auch verschiedene kulturelle Aufgaben übernimmt. Internationale Begegnungen zum Thema Natur- und Landschaftsschutz liegen dem Inselherrn besonders am Herzen. Die Nobelpreisträger, die sich jährlich in Lindau treffen, sind hier ebenso zu Gast wie gelegentlich das schwedische Königspaar.

RESTAURANTS

Comturey-Keller
Ein »Großes Faß« für Freunde schmackhafter Tellergerichte und eines Bodensee-Weins oder auch eines kräftigen Biers. *April bis Ende Okt. täglich 9–19 Uhr, Mainau-Verwaltung, Insel Mainau, 7775 Konstanz, Tel. 07531/303265*

Restaurant Schwedenschenke
Tgl. 9–ca. 22 Uhr, warme Küche bis 21 Uhr, Tel. über Inselverwaltung 07531/3030, Kategorie 2

AUSKUNFT

Blumeninsel Mainau GmbH
7750 Insel Mainau, Tel. 07531/303-0

ZIELE IN DER UMGEBUNG

Dingelsdorf
Dieser und die drei kleinen Orte am Südufer des Überlinger Sees haben sich als sommerliche Ferienorte für Familien und als Ausgangsorte für Wanderer bewährt. Es gibt zahlreiche gute kleine Gasthöfe der Kategorien 2 und 3. Dingelsdorf ist Schiffslandeplatz der »Weißen Flotte«. Auskunft gibt es beim *Verkehrsbüro Dingelsdorf, tgl. 8–12 u. 14–16 Uhr, außer Sa/So, Rathaus, 7750 Konstanz 18, Tel. 07533/5750.* (D 3)

Litzelstetten
Auskunft beim *Verkehrsbüro Litzelstetten, tgl. (außer Sa/So) 8.30 bis 12, 13.30–16.30 Uhr, Großherzog-Friedrich-Str. 10, 7750 Konstanz 16, Tel. 07531/44061.* (D 3)

Wallhausen
Der hübsch am Hang gelegene Ort lockt mit seinem großen Yachthafen viele Segler an. In der Nähe der romantisch gelegenen Ruine Kargegg gibt es einen Golfplatz. Wallhausen ist durch Bus mit Konstanz und im Sommer durch Motorboot-Linienverkehr mit Überlingen verbunden. Auskunft gibt das *Verkehrsbüro, Juni–Aug., Di–Fr 8–12, 14.30–16.30, Sept.–Mai tgl. 9–12, Mo 14.30–18 Uhr, Kapitän-Romer-Straße 4, 7750 Konstanz 19, Tel. 07533/1744.* (D 3)

SIPPLINGEN

Sipplingen ist ein malerisches Dorf mit vielen alten Fachwerkhäusern. Die langgestreckten Uferanlagen zwischen West- und Osthafen, mit Strandbad, Segel- und Surfschule, sind so geschickt abgeschirmt, daß die dahinterliegende B 31 und die Eisenbahnlinie kaum stören. Nördlich davon hat Sipplingen (rd. 2000 Ew.) sonnenreiche Hügel, die mit vielen ruhigen Ferienwohnungen, ausgedehnten Waldspaziergängen und Wanderwegen erholsamen Urlaub versprechen.

Das alte Fischer- und Weinbauerndorf gehörte im Mittelalter dem Konstanzer Heilig-Geist-Spital. Im 13. Jh. ließ sich der Minnesänger Burkhard von Hohenfels oberhalb des Dorfes (beim heutigen Haldenhof) eine Burg errichten. Das repräsentative »Mainauer Haus« neben der Kirche wurde 1764 als Amtsgebäude der Deutschordenskommende Mainau errichtet. (D 2)

BESICHTIGUNGEN

Pfarrkirche St. Martin

Die Kirche, ursprünglich gotisch, wurde 1750 barockisiert. Im Chor erscheinen zwei Heiligenfiguren von Jos. Anton Feuchtmayr ungewöhnlich bewegt. Die gekrönte Madonna auf der Mondsichel stammt aus der Überlinger Zürn-Werkstatt, sie gehört noch dem »weichen« Stil an.

Rathaus

Das Gebäude aus dem 17. Jh. hat einen getäfelten Bürgersaal mit Kassettendecke aus Tannenholz. Im Ratssaal wie in der Kirche finden gelegentlich Konzerte mit namhaften Künstlern statt.

HOTELS

Gasthof Sternen

Der Gasthof nennt sich auch »Landidyll-Hotel«; er liegt am Ortsrand direkt am Wald. Von der Terrasse sieht man weit ins Land. *März–Sept., Burkhardt-von-Hohenfels-Straße 20, Tel. 07551/636 09, Kategorie 2/3*

Hotel Seeblick

Etwas oberhalb des Uferbereichs gelegen, modernes Haus mit Sauna und Solarium. *April–Nov., Prielstraße 4, Tel. 07551/6 12 27, Kategorie 2*

AUSKUNFT

Verkehrsamt Sipplingen

Im »Haus des Gastes am Bahnhof«, 7767 Sipplingen, Tel. 07551/8096-29

Sipplingen wird von den Schiffen der Linie Überlingen–Bodman angefahren.

ZIELE IN DER UMGEBUNG

Geologischer Lehrpfad

Auf dem (ausgeschilderten) Pfad wird die erdgeschichtliche Entwicklung der Landschaft anschaulich gemacht.

Haldenhof

Nicht nur wegen des abwechslungsreichen, sanft ansteigenden Wegs (ca. 3 km) und seiner Aussicht beliebt, sondern auch wegen einer zünftigen »Vesper«. (D 2) *März–Nov., tgl. (außer Mo) 9–23 Uhr, 7770 Überlingen, Tel. 07773/56 13, Kategorie 3*

ÜBERLINGEN

Mit inzwischen rd. 20 000 Einwohnern, bedrängt vom See im Süden und den steilen Felswänden im Norden, zieht sich Überlingen lang am Ufer hin. Im Zentrum mit seinem imponierenden Ensemble von Münster, Rathaus, Hofstatt und Greth, dem einstigen Speicher und Marktgebäude für den Getreidehandel, liegt alles Wesentliche dicht beieinander. In den Außenbezirken hinter der Seepromenade mit ihren Gärten, Villen und Parkanlagen leuchtet einem der Name »Klein-Nizza« ein. In der Altstadt rund um das Münster und im sogenannten »Dorf«, dem ältesten Siedlungsbereich des Marktfleckens, wirkt auch die heutige Stadt auf eine strenge Weise romantisch. Sie finden viel schönes Fachwerk, dann wieder hohe, etwas engbrüstige Fassaden, oft mit Schmuckerkern und Treppengiebeln. Ein schmaler Weg durch den ★ Überlinger Stadtgraben zeugt mit den alten, runden Wehrtürmen unterhalb der alten Stadtmauer noch heute von der Wehrhaftigkeit der mittelalterlichen Stadt. Die Seepromenade mit ihrem lebhaften Treiben im Sommer bildet den reizvollen Gegensatz. Cafés, Restaurants, der Landeplatz mit den Schiffen der »Weißen Flotte«, die alten Bäume an den Parkanlagen und die vielen Bänke am See vermitteln wirklich so etwas wie einen Hauch von Mittelmeer. Eine Inschrift am Rathaus zeigt Ihnen, daß die alte »Stauferstadt« um 1180 von Kaiser Friedrich Barbarossa gegründet wurde. Die kriegerische Brunnenfigur auf der Hofstatt zeigt Kaiser Karl V., der 1527 die Reichsfreiheit Überlingens bestätigte. So entwickelte sich der Ort unter so hoher Gönnerschaft, aber auch aus eigener Tüchtigkeit zu einer der reichsten Handelsstädte Oberdeutschlands. Aber der 30jährige Krieg zerstörte die Grundlagen dieses Handels für immer. Noch heute findet jeweils am 16. Mai und am 2. Juli-Sonntag eine *Schwedenprozession* durch die Stadt zum Gedenken an die Schrecken der schwedischen Besatzung statt. Bei dieser Gelegenheit wird dann auch der *Schwertletanz* aufgeführt, bei dem der »Hänsele«, die traditionelle Überlinger Narrenfigur, unter den zu einem Stern gekreuzten Schwertern hindurchschlüpft. Nach 1805 wurde Überlingen badisch. Daß es bei der Verwaltungsreform 1973 den Landratssitz nach Friedrichshafen abgeben mußte, hat es mit einer stärkeren Zuwendung zum kulturellen Leben gutgemacht, dazu haben viele Künstler, die sich hier angesiedelt haben, beigetragen. Außerdem hat sich Überlingen durch den Ausbau des Kurbetriebes für diesen Verlust entschädigt. Überlingen ist anerkanntes Kneipp-Heilbad, hat ein kleines, aber höchst aktives Kurmittelhaus im Stadtzentrum und insgesamt zehn Sanatorien und Kliniken, unter ihnen solche mit bekanntem Namen, z.B. die Buchinger Klinik, in der sich die Patienten schlank und gesund fasten. (D, E 2)

BESICHTIGUNGEN

Franziskanerkirche

In der ersten Hälfte des 15. Jh. in gotischem Stil erbaut, wurde im 18. Jh. im Inneren barockisiert – und damit zum einzigen Zeugnis eines allerdings überaus prächtigen Barocks in Überlingen. Gotische Strenge und gotisches Streben nach Höhe verbinden sich mit barocker Bewegung und barockem Schmuckbedürfnis.

Rathaus

Vor allem der ★ Ratssaal mit den holzgeschnitzten Reichsstände-Figuren des Jakob Russ ist berühmt. Vom Bauern bis zum Bischof sind die Skulpturen auf einer Galerie aufgereiht. *Mo–Fr 9–12 und 14.30–17, April–Okt. Sa 9 bis 12 Uhr, Führungen möglich*

St. Nikolaus-Münster

★ Die Baugeschichte reicht vom 12. bis zum 16. Jh. Das erklärt die stilistischen Unstimmigkeiten am Außenbau, während der Innenbau erstaunlich geschlos-

Das St.-Nikolaus-Münster in Überlingen

sen wirkt. Auf den hochstrebenden Pfeilergruppen ruht ein kräftig profiliertes Netzgewölbe. Der leicht abgewinkelte Chor ist durch den großen Schnitz-Altar des Jörg Zürn fast ausgefüllt, es ist eines der großen Schnitzwerke der deutschen Kunstgeschichte.

Sternwarte

In Überlingen befindet sich die einzige Sternwarte am Bodensee. *Führungen jeden Fr, Sa und So, jeweils 20 Uhr, klaren Himmel vorausgesetzt; Wiestor-Schule, Friedhofstr. 31*

Überlinger Stadtgarten

★ Er hat eine berühmte große »Sukkulenten«-Anlage, also eine ausgedehnte Anpflanzung von wasserspeichernden Pflanzen, die Gärtner und Garten-Liebhaber von weither anlockt.

MUSEUM

Städtisches Heimatmuseum

Im Patrizierhaus der Familie von Reichlin-Meldegg wird in einem großen Figuren-Panorama der Schwedensturm auf die Stadt Überlingen gezeigt – eine ungemein anschauliche Darstellung dessen, was die Menschen damals auszuhalten hatten. Darüber hinaus sieht man Kunst, Kunsthandwerk, Waffen und Geräte von der Gotik bis zum Biedermeier. *Tgl. außer Mo 9–12.30, So 10–15 Uhr, Eintritt 2 Mark, Krummebergstraße, Tel. 07551/87217*

RESTAURANTS

Restaurant des Parkhotel St. Leonhard

Pflegt die ganz feine Haute cuisine in elegant gestalteten Räumen. Das erste Haus der Stadt hat eine Terrasse, von der man über den Tellerrand hinweg den weitesten Blick über die Stadt genießen kann. *Obere St. Leonhard-Straße 71, Tel. 07551/808-8, Kategorie 1*

Restaurant des Romantik-Hotels »Hecht«

Liegt im Stadtzentrum. Es ist ein Treffpunkt für Feinschmecker. *11.30–14 und 18.30 bis 21 Uhr, Ruhetag So abends und Mo, Münsterstraße 8, Tel. 07551/63333, Kategorie 1*

Speiserestaurant Schäpfle
Das Haus steht nahe der Seepromenade. Großes Restaurant und Hotel mit »Jägerstüble«, Bar und Straßenrestaurant. Vorzügliche bürgerliche Küche. *Kessenringstraße, Tel. 07551/63494, Kategorie 2/3*

HOTEL

Hotel und Restaurant Seegarten
Das komfortable und sehr persönlich geführte Haus hat ein gutbürgerliches Restaurant und ein schönes Gartenrestaurant, das direkt an der Seepromenade liegt. *Geöffnet März–Nov., Seepromenade 7,*
Tel. 07551/63498, Kategorie 2

SPORT

Überlingen hat zwei Strandbäder und ein Hallenschwimmbad im Kurmittelhaus zu bieten. *Yachtcharter und Segelschule beim Westbahnhof, Tel. Schulhafen 07551/3218. Große Windsurfschule beim Strandbad West, Tel. 07551/4277 (ab 11 Uhr)*

EINKAUFEN

Fotostudio Lauterwasser
Hier finden Sie anspruchsvolle, auch großformatige Landschaftsfotos vom Bodensee, Überlingen und den anderen Uferorten. *Münsterstraße 41*

AM ABEND

Überlingens Nachtleben spielt sich im Sommer vor allem in Seenähe ab, die meisten Lokale haben bis in den späten Abend geöffnet. Im Kurhaus finden zahlreiche Veranstaltungen, Kurkonzerte und Tanzabende statt. Anspruchsvollere Unterhaltung bieten die Überlinger Meisterkonzerte und andere Künstlerkonzerte im Kursaal. Im Pfarrzentrum am Münsterplatz finden während der Spielzeit Gastspiele bekannter Bühnen statt. – Eine Disko für junge Leute gibt es nicht. Es hat sich aber in der Hafenstraße eine *Kleinkunstbühne (»Bühne am Hafen«)* etabliert, die mit einem abwechslungsreichen Programm auch viele junge Leute anzieht. Außerdem ist das *Restaurant »Galgenhölzle«* ein beliebter Treffpunkt für junge Leute – nicht zum Tanzen, aber zum Diskutieren oder einfach zum Zusammensein. Einige Nachtlokale finden sich in der Turmstraße. Ein Kino-Center mit drei Kinos in der Franziskaner Straße bringt ein ausgewähltes Programm. Höhepunkt des Sommers ist das *Promenadenfest* An-

Üble Nachrede?

Beruht die üble Nachrede auf seinem losen Mundwerk oder gar auf Erfahrung? Der einäugige Minnesänger Oswald von Wolkenstein (1445) schrieb den Überlingern ins Stammbuch: »Wer sein Geld verplempern will, keine Hemmung dabei kennt, frag sich durch nach Überlingen ...«. Stimmen die »Carlina-Leut« (S. 63) auf der Meersburg diesen Überlinger Song an, jubelt das Publikum. Die Überlinger nehmen's mit Fassung hin.

fang August. *Restaurant Galgenhölzle, Münsterstraße 10, Tel. 65350*

AUSKUNFT

Kurverwaltung Überlingen

Mai–Sept. 9–12, 14–18, Sa 9–12, So 10–12 Uhr, Am Landeplatz 14, Tel. 07551/4041

ZIELE IN DER UMGEBUNG

Die Birnau

Als das Kloster Salem eine neue Wallfahrtskirche brauchte, gab es massiven Krach in Überlingen: Die wollten die Kirche nicht haben. So bestimmte Abt Stefan 1746 einen Hang über Maurach als Bauplatz. Und er gewann drei große Künstler für die Birnau: Peter Thumb als Architekten, Joseph A. Feuchtmayr als Bildhauer und Bernhard Göz als Maler. Was diese Künstler im festlichen Rokoko des Innenraumes schufen, wird noch heute den Tausenden von Besuchern zum Erlebnis. Achten Sie darauf, wie die lebhafte, ja unruhige Bewegung der Innenausstattung durch die Farbe zusammengeschlossen und beruhigt wird. Am Seitenaltar des rechten Querschiffes finden Sie den bekannten »Honigschlecker«, der sich auf den Ordensvater der Zisterzienser, Bernhard von Clairveaux, bezieht. Ihm sollen die Worte wie Honig von den Lippen geflossen sein. Eine Merkwürdigkeit der Kirche, die von Papst Paul VI. zur Basilika minor erhoben wurde, ist übrigens, daß der Chor nach Norden ausgerichtet ist. Man fand, die prächtige Fassade bedürfe des Seeufers als passenden »Parterres«. Heute befindet sich vor der Fassade eine große Terrasse mit herrlichem Blick über den ganzen Überlinger See und bis zu den Gipfeln der Schweizer Berge Säntis, Altmann und Churfirsten.

Eine *Verkaufsstelle* der Markgräflichen Verwaltung für die an der Birnau angebauten Weine befindet sich oberhalb der Kirche an der Nordseite der Straße. Mehrmals im Sommer und Herbst konzertiert die ★ »Birnauer Kantorei« mit ihrem eigenen Orchester in der berühmten Basilika. Der Zusammenklang von heiterem Rokoko des Kirchenraums und (meist) barocker Musik ist jedesmal ein außergewöhnlicher Kunstgenuß. *Basilika Birnau, Priorat, tgl. ab 8.00 Uhr bis zur Dämmerung, 7772 Uhldingen-Mühlhofen, Tel. 07556/6040, Weinverkauf Mo–Fr 9–12 und 14 bis 18, Sa 9–12 Uhr, 7772 Weingut Birnau, Tel. 07556/6002* (E 3)

Bootsfahrt von Überlingen nach Bodman

★ Zwischen Überlingen und Bodman verkehrt im Sommer das Linienschiff eines Privatunternehmers. Die besonders hübsche Fahrt zeigt am Nordufer die malerischen Dörfer vom See her und am Südufer die dichtbewaldeten Hänge des Bodanrücks mit der »romantischen« Marienschlucht.

Fasnachtsmuseum in Schloß Langenstein

Nicht ganz einfach zu erreichen, ist es aber die Anfahrt wert: Hier finden Sie sich mitten in einem bizarren, fröhlich-unheimlichen Gruselkabinett – der größten Sammlung alemannischer Fasnachtsmasken in der Region. Fast alle Figuren sind lebensgroß.

Anfahrt von Überlingen (knapp 30 km) über die B 31 in Richtung Stockach, dann Richtung Orsingen, Schloß Langenstein ist ausgeschildert. Oder von Singen aus mit Linienbus bis Eigeltingen, dann 15 Min. Fußweg. *Mai–Okt. tgl. 13–17, So und feiertags 10–17 Uhr, Erw. 3 Mark, Kinder bis 10 Jahre 1 Mark, bis 16 Jahre 1,50 Mark, Gruppen und Rentner 2,50 Mark, Schloß Langenstein, 7769 Orsingen-Nenzingen, Tel. 07774/7788*

Kloster Salem

★ Über die L 200 mit Überlingen (rd. 15 km) verbunden. Linienbusverkehr. – Betreten Sie die Klosteranlage durch das barocke Untere Tor, haben Sie schon einen fast umfassenden Überblick über die Gesamtanlage. Links sehen Sie das Prälatengebäude mit einem kleinen *Feuerwehrmuseum*; dahinter schließen sich die Wohnräume des Markgrafen von Baden, des Eigentümers von Schloß Salem an. Östlich davor das Münster, ein hochgotischer, aber klassizistisch ausgeschmückter Bau, der 1414 geweiht wurde. Die Klostergebäude des 1137 gegründeten Zisterzienserklosters, das bald zu den mächtigsten ganz Oberdeutschlands gehörte, gruppieren sich um drei Innenhöfe des Konventsgebäudes hinter dem Münster. Das Kloster wurde 1697 bei einem Brand fast völlig zerstört und danach in barockem Stil wieder aufgebaut. Das heutige Schloß mit großartigen Stukkaturen ist Teil der Schloßschule Salem. *Besichtigung ist nur mit Führung möglich, Juni–Aug. Mo bis Sa stündlich zwischen 9–12 und 13–17, sonn- und feiertags 11 bis 17 Uhr, April, Mai, Sept., Okt. Mi bis Sa 9–12 und 13–17 Uhr, Eintritt 6 Mark, Abtei 7777 Salem, Tel. 07553/81437.* (F 2)

Salemer Affenberg

Unmittelbar bei Salem befindet sich ein 20 Hektar großes Freigehege für Berberaffen. Der elsässische Baron Gilbert de Turckheim nahm sich der vom Aussterben bedrohten Berberaffen an und hält heute 95 Prozent des Weltbestandes in seinen drei Gehegen, Salem ist von ihnen das größte. *15. März–15. Okt. tgl. 9–12 und 14–18 Uhr, Eintritt: Erw. 6 Mark, Kinder 3 Mark, Affenberg Salem, Tel. 07553/381* (F 3)

Schloß Heiligenberg

★ Rund 23 km von Überlingen entfernt. Einer der prächtigsten Renaissancebauten in ganz Süddeutschland. Der schöne Innenhof des Schlosses, das den Fürsten zu Fürstenberg gehört, macht den Eindruck eines festlichen Saales. Er führt direkt in die Schloßkapelle, die die Grabstätte der Fürstenbergs enthält. Über die Galerie betritt man den 32 m langen Rittersaal, dessen schwere, intarsierte Kassettendecke die Freuden der Tafel und des Familienlebens anschaulich preist. Von den Fenstern dieses Saales hat man, vor allem bei Föhn, einen Ausblick bis in die Zentralschweizer Berge. *Das Schloß ist nur mit Führung zu besichtigen, April–Juni, 15. Aug.–Okt. tgl. 9–11.30 und 13–17 Uhr, Eintritt 7 Mark, Gruppenermäßigung, Schloß Heiligenberg, 7799 Heiligenberg, Tel. 07554/242.* (F 2)

er Mann

Wo der Seewein wächst

Die alten Fischer- und Winzerdörfer sind beliebte Sommerferienorte

Wo die Südsonne den ganzen Tag auf die Steilhänge des Seeufers brennt, wächst der beste Seewein, ist es im Sommer am wärmsten und der südliche Charakter der Landschaft unübersehbar. Kein Wunder, daß die alten Fischer- und Winzerdörfer um Meersburg zu den beliebtesten Ferienorten geworden sind.

Noch einmal wird in dieser Region die Geschichte sichtbar: Die Meersburg an diesem höchsten Punkt des badischen Ufers gibt Zeugnis von der wehrhaften Macht der Konstanzer Bischöfe und Fürstbischöfe, die seit 1211 Herren der Burg waren. Über diesen ihren sichersten Stützpunkt in Notzeiten und Wohnsitz seit 1526 haben sie nie einen Edelvogt geduldet und die Burg auch nie dem Haus Habsburg ausgeliefert. Dafür schlugen die »Meersburger Stadtrechtskämpfe« im 15. Jahrhundert, in denen es um die Rechte der Bürger ging, umso höhere Wogen. Die Fürstbischöfe hatten sich um 1750 das barocke »Neue Schloß« als Wohnsitz gebaut, es aber dann nur etwa 50 Jahre lang bewohnt, weil das fürstbischöfliche Hochstift 1802 aufgehoben wurde. Das war das Ende der Herrlichkeit. 1832 erwarb der Germanist Josef Freiherr von Laßberg, Schwager der Dichterin Annette von Droste-Hülshoff, die Burg. Deutschlands größte Dichterin hat zeitweise auf der Burg gelebt und in ihren Gedichten auch die Bodenseelandschaft beschrieben. 1848 starb sie auf der Meersburg.

Mehr als tausend Jahre alt: Die Burg von Meersburg, der »schönsten Stadt am Bodensee«

Meersburg hat 1988 sein 1000-jähriges Jubiläum gefeiert – ein Ereignis, dessen Berechtigung neuerdings bestritten wird. Einige Historiker der Region behaupten, die Urkunde Kaiser Ottos III. aus dem Jahr 988, auf die sich die Meersburger stützen und die in »Meerburg« ausgestellt ist, habe das mitteldeutsche »Merseburg« gemeint. Das ist vermutlich Spekulation, »Meersburg« ist wahrscheinlicher, allerdings auch nicht hundertprozentig. Sicher ist, daß Meersburg noch viel älter ist, die Burg hat wahrscheinlich schon lange vor 988 zum konstanzisch-bischöflichen Besitz gehört.

HAGNAU

Das alte Winzerdorf (1300 Ew.), das im 17. Jh. nicht weniger als 26 *Torkeln* (Weinkelter) hatte, liegt 5 km östlich von Meersburg zwischen Rebhängen. Noch heute zählt der »Hagnauer Burgstall« zu den beliebtesten Seeweinen. Zumal bei den Feriengästen, die sich in der familiären Atmosphäre des freundlichen Erholungsortes Entspannung für ein ganzes Jahr holen.

Ein Blick in die 1729 erbaute Kirche mit ihrem sehr viel älteren Turm zeigt Ihnen links vom neugotischen Hochaltar einen leeren Sockel. Der geschnitzte Johannes, der bei einer »Seegfrörne« in feierlicher Prozession über den See getragen wird, befindet sich zur Zeit in Münsterlingen. Er kann erst zurückkommen, wenn der See wiederum zufriert. Gleich neben der Kirche sehen Sie den *Salemer Hof*, und weiter im Ort den *Schussenrieder Hof*, Zeugnisse früheren klösterlichen Besitzes in Hagnau. (F 4, G 3)

MUSEUM

Kleines Museum
Hier sind in einer privaten Sammlung 50 Puppenstuben aus der Zeit von 1820 bis 1950 versammelt. Prachtstück: Eine Puppenwebstube vom Balkan. *Mitte März–Okt. Mo, Mi, So 15–17 Uhr, sonst nach Vereinbarung, Eintritt: 3.50 Mark, Frau Gerda Rössler, Neugartenstr. 20, Tel. 07532/9991*

HOTEL-RESTAURANTS

Neben einer Reihe schön gelegener und guter Hotels, Gasthöfe und Restaurants der Kategorie 2 sind mit den beiden Hotels der Kategorie 1 sowie dem dazugehörenden Restaurant die denkbar besten Voraussetzungen für einen ländlich behaglichen und zugleich luxuriösen Urlaub gegeben. *»Erbguth's Landhaus«, »Villa am See«, C. & H. Erbguth, »Restaurant Kupferkanne«, Mitte Febr.–Mitte Dez., 7759 Hagnau, Neugartenstraße 39, Tel. 07532/6202, Kategorie 1*

AUSKUNFT

Verkehrsverein
Tgl. 9–12 und (außer Mi) 15 bis 18 Uhr, 7759 Hagnau, Seestraße 16, Tel. 07532/6842

IMMENSTAAD

Obwohl es heute auch Sitz der Dornierwerke am Bodensee ist, kann Immenstaad (5392 Ew.) seinen Ursprung als Fischer- und Winzerdorf nicht verleugnen. Vom See her wirkt der »Staatlich anerkannte Erholungsort« wie ein großer Ferienpark. Im Nordosten des Ortes gibt es einen großen Ferienwohnpark. (H 3)

BESICHTIGUNGEN

Pfarrkirche
Sehr sehenswert ist der schöne gotische Chor der 1478–87 erbauten Kirche.

Renaissanceschloß Hersberg
Das Schloß oberhalb des Ortes ist zur Zeit Gymnasium des Pallotinerordens.

MARCO-POLO-TIPS FÜR MEERSBURG UND UMGEBUNG

1 Schloßterrasse in Meersburg
Man sollte nicht nur den Seeblick, sondern auch die bewegte Dachlandschaft bewundern (Seite 62)

2 Museumsstadt Meersburg
Man kann vom Dornier-Museum zur Bibelgalerie, vom Droste-Museum zum Presse-Museum wechseln – und hat noch immer nicht alles gesehen (Seite 63)

3 Pfahlbauten in Unteruhldingen
Ein Besuch im Freilichtmuseum zeigt, wie unsere Vorfahren (angeblich) gelebt haben (Seite 67)

4 Carlina Leut'
Im Sommer auf der Meersburg musizieren sie in alten Kostümen und auf alten Instrumenten (Seite 62, 63)

Schloß Kirchberg
Das früher zum Kloster Salem gehörige Schloß wurde Ende des 18. Jh. barockisiert und ist heute ein Hotel und renommiertes Wein- und Vesperlokal (Weinverkaufsstelle der Markgräfl. Bad. Weingüter). *Geöffnet April bis Nov.* Unterhalb des Schlosses am See befindet sich ein großer Segelhafen.

Schwörerhaus
Der bedeutende Fachwerkbau direkt am See ist einen Blick im Vorbeigehen durchaus wert.

HOTEL-RESTAURANTS

Fremdenheim Hardthof
Das in einem sehr großen Garten mit Spiel- und Liegewiese und eigenem Seezugang gelegene Haus ist sehr preiswert. In der Küche werden Erzeugnisse aus eigener (biologischer) Landwirtschaft verarbeitet. *1. März bis 31. Okt., Hardtstraße 74, Tel. 07545/6731, Kategorie 3*

Hotel-Restaurant »Seehof«
Gegenüber der Landestelle. Ein modernes Haus mit gastlicher Atmosphäre. *Bachstraße 15, Tel. 07545/784, Kategorie 2*

SPORT

Außer den verschiedenen Wassersportmöglichkeiten einschließlich einer Segel- und Surfschule sowie Tennisplätzen hat der *Ferienwohnpark* auch eine Tennishalle. *Gehrenbergstraße 1, Tel. 07545/706*

AM ABEND

Regelmäßige und unregelmäßige gesellige Veranstaltungen finden im Freien und in der Linzgauhalle statt.

AUSKUNFT

Verkehrsamt Immenstaad a. B.
Tgl. 9–12 und 15–17 Uhr, Dr. Zimmermann-Str. 1, Tel. 07545/201-110

MEERSBURG

An Meersburg sehen Sie das gleiche wie an der Birnau: Der Barock baut zum See hin. Die mächtige alte Burg auf der Höhe mit ihrem quadratischen Bergfried kennt solche Fassaden-Inszenierung noch nicht. Aber das Neue Schloß und seine Nebenbauten, das vor der großen Terrasse in der Sonne rosig aufleuchtet, ist wie eine einzige große Inszenierung für ein imaginäres Publikum – im Ruderboot oder Segelschiff – auf dem See. Unten am Ufer verleiht die erst 1873 aufgeschüttete Seepromenade dem alten Marktquartier der Stadt mit der »Greth«, dem Umschlagsplatz für den ausgedehnten Fruchthandel des 16. Jh., seinen mittelmeerischen Charakter. Meersburg darf sich die »Schönste Stadt am Bodensee« nennen; sie ist bestimmt seine heiterste. ★ Das zeigt sich auch bei einem Blick von der Schloßterrasse – er zeigt den See dort, wo dieser sich fast italienisch gibt. Wie keine andere Stadt weiß Meersburg im Sommer seine vielen kulturellen Veranstaltungen mit dem eigenen Ambiente zu verbinden: Vom *Konzert in der barocken Schloßkirche* bis zum *Meersburger Sommertheater* mit seinem Hausdichter Martin Walser in der Hämmerle-Halle, zum Spiel und Sang der ★ *»Carlina Leut'«* in der Burg, von den *Platzkonzerten* in den Burgweganlagen und der Vorstellung der *Bodensee-Wein-*

Fachwerkhäuser in der Oberstadt von Meersburg

Die Marco-Polo-Bitte

Marco Polo war der erste Weltreisende. Er reiste in friedlicher Absicht, verband Ost und West. Er wollte die Welt entdecken, fremde Kulturen kennenlernen, nicht zerstören. Könnte er für uns Reisende des 20. Jahrhunderts nicht Vorbild sein? Aufgeschlossen und friedlich sollte unsere Haltung in anderen Ländern sein. Dazu gehören auch Respekt vor Mensch und Tier und die Bewahrung der Umwelt.

prinzessin jeweils im März im Neuen Schloß bis zur *Weinprobe* im Naturfelsenkeller wird der Rahmen ebenso zum Erlebnis wie die Veranstaltung selbst. Meersburg hat sieben Museen, eine kammermusikalische Konzertsaison, die es mit jeder Großstadt aufnehmen kann, und das Sommertheater, ein Ereignis, das auch von der überregionalen Presse beachtet wird. Dennoch ist Meersburg mit seinen fast 5000 Einwohnern nicht »museal«. Das badische Landstädtchen, zu dem es nach 1805 wurde, hat sich zu einem bedeutenden Fremdenverkehrsort und mit dem *Parksanatorium Wiedemann* zu einem renommierten Kur- und Erholungsort gemausert.

Meersburg ist im übrigen der bedeutendste Weinbauort am Bodensee. Es ist Ziel und Umsteigplatz der »Weißen Flotte« und Hafen der Fähre nach Konstanz-Staad. Von Land her ist es freilich, ohne Bahnanschluß, nur über die B 31 mit Friedrichshafen und Radolfzell verbunden (Linienbusverkehr).

Die Stadt ist bei den Touristen so beliebt, daß sie eine Wintersaison eingeführt hat. Über die Weihnachts- und Neujahrsfeiertage wird ein ausgearbeitetes Ferienprogramm angeboten mit Führungen durch die historische Altstadt, Weihnachtsfeiern, Rundfahrten in die Schweizer Alpen, Busausflügen und – als Höhepunkt – einer Silvester-Kreuzfahrt auf dem See mit einem Tanzschiff der »Weißen Flotte.« (F 4, G 2)

BESICHTIGUNGEN

Es gibt in Meersburg so viel zu sehen, daß am Anfang eine Stadtführung stehen sollte, die mit den wichtigsten Sehenswürdigkeiten bekannt macht. Meersburg nennt sich auch die ★ »Museenstadt«. *Führung nach Anmeldung im Verkehrsamt*

MUSEEN

Bibel-Galerie

Hier werden exemplarisch die Entstehung der Hl. Schrift und Zeugnisse ihrer Verbreitung durch die Jahrhunderte erschlossen. *15. April–31. Okt. Di–So 11–13 und 14–17 Uhr, Eintritt frei, Kirchstraße 4, Tel. 0 75 32/53 00*

Burgmuseum

In der Meersburg. Es enthält auch das Arbeits- und Sterbezimmer der Droste. Das stilvolle Burgcafé hat eine schöne Terrasse. ★ Eine besondere Attraktion der Meersburg sind die vielbesuchten sommerlichen Konzerte der »Carlina-Leut'«, die alte Musik bis etwa zur Renaissance auf historischen Instrumenten und in alten Kostümen aufführen. *Museum, Tgl. 9 bis 18 Uhr, Nov.–Febr. 10–17 Uhr, Tel. 07532/6441, Eintritt 6 Mark*

Deutsches Zeitungsmuseum
Dokumentiert wird hier die Geschichte der deutschsprachigen Zeitung. *April–Okt. tgl. 10 bis 13 und 14–18 Uhr, Eintritt 3 Mark, Schloßplatz 13, Tel. 07532/7158*

»Droste-Museum«
Im »Fürstenhäusle«. Es zeigt die Wohnräume der Droste in ihrem Gartenhäuschen. *Ostern bis Mitte Okt. tgl. 10–12.30 und 14 bis 18, sonn- und feiertags 14–18 Uhr, Eintritt 3.50 Mark, Stettener Str. 9, Tel. 07532/6088*

Neues Schloß
Enthält Wohnräume der Fürstbischöfe und das von Balthasar Neumann zuerst entworfene Treppenhaus. Außerdem die *Städtischen Gemäldesammlungen*, eine neueröffnete Galerie Meersburger Malerei der zwanziger und dreißiger Jahre und auch das *Dornier-Museum*, das die berühmten historischen Flugboote in Text und Modell vorführt. *April–Nov. tgl. 10–13 und 14–18 Uhr, Eintritt 3 Mark, Tel. 07532/82385*

Stadtmuseum
Hier wird die politische und kunsthistorische Vergangenheit der Stadt aufgezeigt. *April–Okt. Mi 14–17, Sa 14–18 und So 10 bis 12.30 Uhr, Eintritt 2 Mark, Ehem. Dominikanerinnen-Kloster*

Weinbaumuseum
Als Sehenswürdigkeit ist das Museum in der Stadtführung eingeschlossen. Es zeigt unter anderem eine alte Torkel von 1607 und das »Türkenfaß«, das mehr als 50000 Liter faßt. *April bis Okt., Di, Fr, So 14–17 Uhr, Eintritt 1 Mark, Vorburggasse 11, Tel. 07532/82383*

Zeppelin-Museum
Das Gebäude enthält eine der größten Privatsammlungen zur Geschichte des Zeppelin-Zeitalters. *April–Okt. tgl. 9 bis 18 Uhr, Eintritt 3,50 Mark, Schloßplatz 8, Tel. 07532/7909*

RESTAURANTS

Weinstube Haltnau
Ein hübscher Spazierweg am See führt hierher. Die Haltnau gehört dem Konstanzer Heilig-Geist-Spital und schenkt dessen gute Weine zu herzhaftem Essen in rustikaler Umgebung aus. *Tgl. außer Do 9–24 Uhr, warme Küche 11.30–14 und 16.30–21 Uhr, Uferpromenade 107, Tel. 07532/9732, Kategorie 3*

Winzerstube zum Becher
»Man« trifft sich in den drei altertümlich getäfelten Räumen, ißt badisch oder französisch und trinkt ausgewählt gute Weine. *Höllgasse 4, Tel. 07532/9009, Kategorie 1*

EINKAUFEN

Buchkunstatelier
Ein Besuch wird Sie nicht nur mit einem liebenswürdigen und gesprächsbereiten Fachmann der schwarzen Kunst bekanntmachen, sondern Ihnen auch eine

historische (Ernst-Engel-)Presse bei der Arbeit zeigen. Und es gibt wunderschöne Handdrucke zu kaufen. *Prof. Walter Stähle, Winzergasse 8, Tel. 7631*

»Haus der guten Weine« bei Georg Hack
Weinprobe Mai–Sept. Fr 18 Uhr, Eintritt 12 Mark, Anmeldg. Schützenstraße 1, Tel. 07532/9097

Keramik-Atelier Benz
Künstlerische Keramik-Gefäße, Lampen und Mosaikbilder. *Höllgasse 2, Tel. 07532/9965*

Kunstweberei
In einem Anbau des Neuen Schlosses werden in der Werkstatt von Edith Müller-Ortloff die weithin bekannten »Meersburger Bildteppiche« gezeigt. *Di–Sa 9–13 und 14 bis 17 Uhr, So 11–13 Uhr*

Kunstwerke
Die private Galerie »Winzergasse 7« ist stilvoll in einem umgebauten Bürgerhaus untergebracht. Sie bietet Skulpturen und Bilder der polnischen Künstler Henryk und Eugeniusz Zegadlo an, die in vielen Museen und Kirchen, auch Norddeutschlands, vertreten sind. *Tgl. 10–12, 14–18 Uhr, Winzergasse 7, Tel. 07532/9343*

Staatsweingut Meersburg
Beim Neuen Schloß, Weinprobe Mai–Sept. Di 19 Uhr, Eintritt 14 Mark, Tel. 07532/6085, Anmeldung Unterstadt-Reisebüro

HOTELS

Hotel-Restaurant 3 Stuben
Altes Fachwerkhaus, modern stilisiert. Höchster Komfort, elegantes Restaurant, ideenreiche Küche. *Winzergasse 1–3, Tel. 07532/6019, Kategorie 1*

Die Altstadt von Meersburg mit ihren Giebeln und Erkern

Seehotel zur Münz
In der Unterstadt direkt an der Seepromenade. Ein komfortables, sehr gepflegtes Haus mit gutem (Promenaden-)Restaurant. *Seestraße 7, Tel. 07532/9090, Kategorie 2/3*

Terrassenhotel Weißhaar
Hier haben die meisten der großzügig und komfortabel eingerichteten Zimmer große Balkons und weiten Seeblick. Terrassenrestaurant und -café. *Rest. 12–14 und 18–21 Uhr, Stefan-Lochner-Straße 24, Tel. 07532/9003–9006, Kategorie 2*

SPORT

Meersburg hat ein beheiztes Frei- und Seebad mit Schwimmer-, Kinder- und Nichtschwimmerbecken. *Ende April bis*

Anfang Okt., tgl. 9–20 Uhr, Erw. 5 Mark, Kinder 2 Mark, Uferpromenade

AM ABEND

Alemannentorkel
Ein 300 Jahre alter Weinkeller, wo es etwa 200 badische Weinspezialitäten gibt. *Steigstraße 16–18, Tel. 0 75 32/10 67*

Diskothek »Barcarole«
Hier treffen sich nicht nur junge Leute zum Tanzen. *Am Fährparkplatz, Tel. 0 75 32/60 26*

Lieber Augustin
Wer sein »Viertele« in froher Gesellschaft bis Mitternacht ausdehnen will, ist hier richtig. *Unterstadtstraße 33, Tel. 0 75 32/ 65 11*

Strandhotel Wilder Mann
Bekannte Kapellen spielen zum Tanz auf. Bei gutem Wetter ißt, trinkt und tanzt man draußen unter Palmen im großen Gartenrestaurant des traditionsreichen Hotels. Direkt am See an der L 201. *Tgl. (außer Mo) April–Okt., Tel. 0 75 32/90 11–12 und 90 14, Kategorie 1/2*

Winzerstube Vinothek
Qualität in gediegener Atmosphäre. *Tgl. 17–24 Uhr, Winzergasse 4, Tel. 0 75 32/75 10*

AUSKUNFT

Verkehrsamt Meersburg
April–Okt. tgl., außer Sa/So, 9–12 und 13–17 Uhr, Kirchstraße 4, Tel. 0 75 32/82-3 83

ZIEL IN DER UMGEBUNG

Wallfahrtskirche Maria zum Berg Karmel
1700 erbaut, ist sie ein barockes Kleinod mit idyllischen Malereien. Mit einem Spaziergang (4 km) nach Baitenhausen zu erreichen. *Tgl. 8 Uhr bis zur Dämmerung* (F 3, G 6)

Weinlehrpfad
Ein Spaziergang über den Höhenweg nach Hagnau führt zugleich über einen Weinlehrpfad. Wer allein geht, kann sich an die Informationstafeln halten; bei geführten Wanderungen werden einem die hier angebauten Rebsorten gezeigt und erläutert. Man kann wählen, ob man diesen Ausflug mit dem bewun-

Pfahlbaudörfer in Unteruhldingen

dernden Blick auf die Seite des Obersees von der hochliegenden Kriegergedenkstätte Lerchenberg beschließt oder mit einer Weinprobe im Ort.

UNTERUHLDINGEN

Das ehemalige Fischerdorf, Teilort von Uhldingen-Mühlhofen, mit fast 1400 Ew., gehört mit seinem Ostteil noch zu Meersburg. Uhldingen ist vor allem bekannt wegen seiner vorgeschichtlichen Pfahlbaudörfer. Unteruhldingen ist aber auch ein besonders erholsamer Ferienort. Uhldingen erhielt kürzlich den »Internationalen Umweltpreis« vom »Deutschen Reisebüro-Verband«. Busse und Pkw müssen auf einem Parkplatz am Ortsrand abgestellt werden, und ein »Kurbähnle« bringt die Gäste ins Ortszentrum am See.

BESICHTIGUNG

Pfahlbauten

★ In diesem Freilichtmuseum werden zwei rekonstruierte Pfahldörfer aus der Stein- und Bronzezeit (ca. 4000–800 v.Chr.) gezeigt. Original-Bodenfunde zeigt ein kleines Museum an Land. *Vorgeschichtliches Freilichtmuseum, April–Ende Sept. tgl. 8–18, Okt. 9–17 und Nov. 9–16 Uhr, im Winter Sa und So 9–17 Uhr, Eintritt 5 Mark, 7772 Uhldingen-Mühlhofen 2, Seepromenade 6*

HOTELS

Haus Seeblick

In diesem freundlichen, ruhigen Hotel direkt am See kann man preiswert wohnen. Das Haus wird garni geführt. *April–Okt., Fischergasse 2, Tel. 07556/8282, Kategorie 3*

Hotel Knaus

Ein alt eingeführtes, komfortables Haus im Ortszentrum. Sein Restaurant »Bäckerstube« ist ein beliebter Treff am Abend. *Ende März–Okt., Seestraße 1, Tel. 07556/8008, Kategorie 2*

SPORT

Unteruhldingen hat schöne Tennisplätze, veranstaltet geführte Wanderungen und hat einen großen Bootshafen mit Bootscharter. Minigolf.

AUSKUNFT

Fremdenverkehrsbetriebe Uhldingen-Mühlhofen GmbH

April–Okt. 8–12 und 14–17 Uhr, 7772 Uhldingen 2, Schulstraße, Tel. 07556/8020

ZIEL IN DER UMGEBUNG

Fischerhaus in Seefelden

Zu Uhldingen gehört auch der kleine Weiler *Seefelden*, in dem Sie eines der ansprechendsten Häuser der Region finden: Das *Fischerhaus* liegt in einem verwunschenen Winkel am See mit Garten und eigenem Seezugang. Es ist normalerweise mindestens für die laufende Saison ausgebucht. Versuchen Sie es trotzdem: Gemütlicher, stilvoller und familiärer können Sie kaum wohnen, und im kultiviert rustikalen Restaurant treffen sich die Feinschmecker. Tisch vorbestellen! *Mitte März–Anf. Nov. Rest. tgl. außer Mo und Di 12–13.30 und 18–20.30 Uhr, 7772 Uhldingen-Seefelden, Tel. 07556/8563* (E 3)

Ferienstadt am See

Im Sommer könnte man meinen, der Hafen läge am Mittelmeer

Industriestadt, Verwaltungszentrum des Bodenseekreises, Verkehrsknotenpunkt – kurz, moderne Stadt mit Tempo und Schwung – das ist Friedrichshafen mit seinen knapp 53 000 Einwohnern. Treten Sie aber aus dem hübschen, grau und gelb gestrichenen Bahnhof im Stil der vorigen Jahrhundertmitte auf den großen Platz davor mit seinen alten Bäumen und dem dahinterliegenden Park am See, könnten Sie meinen, sich in einem noblen, gemütlichen Königlich Württembergischen Badeort zu befinden. Diese ins Grün der Landschaft eingebettete Stadt am See, mit ihrer doppeltürmigen Schloßkirche, die weithin als Wahrzeichen gilt, hat einen Hafen, der im Sommer irgendwo am Mittelmeer liegen könnte. Und das alles reimt sich erstaunlich gut zu einer »Ferienstadt am See« zusammen.

Andererseits reißt sich Friedrichshafen nicht darum, als »typischer Ferienort« zu gelten. Der

Königlich Württembergischer Badeort: Friedrichshafen

Schwerpunkt des Fremdenverkehrs liegt bei den Messen und Tagungen und folglich beim Tagestourismus, den die Stadt, allen ökologischen Bedenken zum Trotz, auch nicht beschneiden möchte. Immerhin: Friedrichshafen zählt jährlich so um die fünf Millionen Übernachtungen, den Gästen gefällt es offenbar auch längerfristig ganz gut in der hellen, freundlichen Stadt.

Großzügig und geschickt hat man die Bauten unserer Zeit in Stadt und Landschaft eingefügt. Die Industrie gibt sich, etwa im eingemeindeten Fischbach, wohlproportioniert und hinter Bäumen recht unauffällig. Das Festspiel- und Kongreßhaus »Graf Zeppelin« ist mit seinen hellen Terrassen und Staffelgeschossen zu einem kulturellen Zentrum von Stadt und Region geworden.

Friedrichshafen ist Endpunkt der von Ulm kommenden Nord-Süd-Verbindungen der Bundesbahn, die hier auf die Uferbahn nach Lindau(-München) sowie nach Radolfzell(-Basel) treffen. Vom Hafenbahnhof aus wird die Autofähre nach Romanshorn, mit Anschluß nach Zürich, bedient. Die weitläufigen Hafenanlagen bilden Ausgangs- und Ziellandestellen der berühmten »Weißen Flotte«.

Der kleine Flughafen Löwenthal, von »Delta Air« bedient, ist im Aufwind; circa 273000 Passagiere wurden bis Ende 1991 auf innerdeutschen Linien, insbesondere in das neue Bundesland Sachsen, nach Berlin sowie im Zubringerdienst nach Stuttgart und Zürich/Kloten, im Charterdienst auch ans Mittelmeer befördert.

FRIEDRICHSHAFEN

Friedrichshafen erhielt seinen Namen erst 1811 von König Friedrich I. von Württemberg.

Die alte Stauferstadt Buchhorn, die 1215 von Friedrich II. das Stadtrecht erhielt, hat im Lauf der Geschichte weniger von den Glanz-, als von den Notzeiten der Bodenseeregion gesehen. Rudolf von Habsburg verpfändete die Stadt 1290 an den Grafen von Werdenberg. Das paßte dem Konstanzer Bischof nicht ins Konzept: Er plünderte und zerstörte die Stadt bis auf ihre Grundmauern. Im 30jährigen Krieg wurde sie wiederum, diesmal von den Schweden, zerstört. Erst im 19. Jh., als Buchhorn mit dem kleinen Ort Hofen vereinigt wurde, der sich um das alte Dominikanerinnenkloster gebildet hatte, erlebte die nun Friedrichshafen getaufte Stadt einen wirtschaftlichen und industriellen Aufschwung, vor allem durch die vom Grafen Zeppelin zuerst entwickelte Luftschifffahrt. Gerade das machte Friedrichshafen verwundbar: Es wurde im Zweiten Weltkrieg wiederum, diesmal zu zwei Dritteln, zerstört. Mit dem Wiederaufbau wurde eine helle, moderne Stadt geschaffen. Die barocke Schloßkirche, die alte Propsteikirche Hofen also, ist eine der wenigen historischen Sehenswürdigkeiten. Sie ist, wie die gesamte Propstei Hofen, in das heutige Schloß, die ehemalige Sommerresidenz des württembergischen Königs, integriert (bis heute im Privatbesitz des Herzogs von Württemberg). (I 3)

MARCO-POLO-TIPS FÜR FRIEDRICHSHAFEN UND UMGEBUNG

1 Schulmuseum in Friedrichshafen
Wie Kinder früher unterrichtet, belohnt und bestraft wurden (Seite 71)

2 Naturschutzgebiet Eriskircher Ried
Der Spaziergang im Schilfgebiet wird besonders dann zum Naturerlebnis, wenn im Juni die sibirischen Schwertlilien blühen (Seite 72, 73)

3 Tettnang
Zum Spargelessen ist Tettnang manchem Gourmet lieber als Schwetzingen (Seite 77)

BESICHTIGUNG

Schloßkirche

Um 1695/1700 von Christian Thumb als Ersatz für die im 30jährigen Krieg zerstörte erste Propsteikirche des alten Benediktinerinnenklosters erbaut, ist die Schloßkirche von beeindruckender Pracht. Die Stuckdecken von den Wessobrunner Stukkateuren Johann Schmuzer und seinen Söhnen wurden im zweiten Weltkrieg schwer beschädigt, aber so geschickt restauriert, daß der architektonische Reichtum dieser barocken Wandpfeilerkirche einen beeindruckenden Rahmen auch für Konzerte abgibt. *April–Okt. tgl. 9–18 Uhr, Schloßstraße 33/Klosterweg*

MUSEEN

Bodenseemuseum

Im Rathaus. Mit Malerei und Plastik aus dem oberschwäbischen und Bodenseeraum vom 14. bis zum 20. Jh. ist es auch wegen der Wechselausstellungen interessant: Hier präsentiert sich die Kunst von heute. *Mai–Okt. tgl. 10–17, Mi bis 19 Uhr, Eintritt 2 Mark, Adenauerplatz 1, Tel. 07541/203-440*

Schulmuseum

★ Wie unterrichteten die Klosterschulen im Jahre 800? Diese und andere Fragen werden im Schulmuseum ausführlich dokumentiert. Der Schulalltag früherer Zeiten war keineswegs immer ein »Honigschlecken«, aber auch nicht nur von Prügeln begleitet und verständnislos. Über Zeugnisse und Strafen, Handarbeiten und den Unterricht für das Hütekind können Sie sich eingehend informieren. *16.3. bis 15.11. tgl. 10–17 Uhr, Eintritt frei, Friedrichstr. 14, Tel. 07541/32622*

Zeppelinmuseum

Im Obergeschoß des Bodenseemuseums wird als Hauptattraktion das in allen Einzelheiten nachgebaute, 8 m lange Modell des Luftschiffs »Hindenburg« gezeigt. Das Zeppelinmuseum wird 1992/93 in vergrößerter Form im Hafenbahnhof neu eingerichtet. *Mai–Okt. tgl. 10–17, Mi bis 19 Uhr, Mi Eintritt frei, sonst 2 Mark, Adenauerplatz 1, Tel. 07541/203-307*

RESTAURANTS UND HOTELS

Hotel-Restaurant »Buchhorner Hof«

Das Restaurant ist intim und exklusiv, die Küche – selbst mit kleinen Gerichten – für Feinschmecker gedacht. Das Hotel ist trotz seiner Lage an der Durchfahrtsstraße lärmgeschützt, es erfüllt gehobene Ansprüche in behaglicher Atmosphäre. *Mitte Jan.–Weihn., Friedrichstraße 33, Tel. 07541/2050, Hotel Kategorie 2, Restaurant Kategorie 1*

Restaurant im Graf-Zeppelin-Haus

Es bietet eine ausgesuchte Speisekarte – und aus den großzügig und modern gestalteten Räumen einen herrlichen Blick über den See. *Tgl. 11–24 Uhr, Olgastraße 20, Tel. 07541/72072, Kategorie 2*

Stadtmauer

Einfaches gutbürgerliches, nicht immer ganz ruhiges, aber an einer der schönsten Ecken der Seestraße unmittelbar am Wasser untergebrachtes Hotel. *Seestraße 14–16, Tel. 07541/22757, Kategorie 3*

SPORT

Neben allen Arten von Wassersport, vor allem Segeln, sind Reiterferien im Stadtteil Ailingen möglich. *Reit- und Springschule, Hirschlatter Straße 14, Tel. 07541/53319*

AM ABEND

Jugendzentrum Molke

Treffpunkt für junge Leute. *Meistershofener Straße 11, Tel. 07541/26409*

Es gibt außerdem mehrere Tanzlokale und Diskos sowie zahlreiche Weinstuben, die bis Mitternacht geöffnet sind.

Kino-Center

Mit vier Kinos und gutem Programm. *Montfortstraße 2, Tel. 07541/2 23 80*

Zeppelinhaus

Hier werden kulturelle und Unterhaltungsabende veranstaltet. *Olgastraße 20*

AUSKUNFT

Tourist Information

Mai–Okt. tgl. 8.30–12.30 und 14 bis 17, Sa 8.30–13 Uhr, 7990 Friedrichshafen 1, Friedrichstraße 18, Tel. 07541/21633

ZIELE IN DER UMGEBUNG

Ailingen

Friedrichshafen ist ein idealer Ausgangsort für Halbtagsausflüge. So lohnt sich ein Abstecher (auch per Rad) ins nur 6,5 km entfernte Ailingen. Die eingemeindete kleine Ortschaft im Norden von Friedrichshafen hat schöne alte Fachwerkbauten aus dem 17. Jh., eine sehenswerte barocke »Sylvester-Kapelle« etwas ostwärts vom Ortszentrum, vor allem aber für Reiter einen bekannten »Pony-Hof«, in dem auch die Jugend ihre ersten Reitversuche anstellen kann. Empfindsame Wasserratten werden sich im beheizten Wellenbad wohlfühlen. Für Interessierte gibt es außerdem eine geologische Sammlung im Rathaus.

Naturschutzgebiet Eriskircher Ried

★ (Ca. 2 km östlich der Stadt beginnend). Der Ausflug kann zum Naturerlebnis werden, besonders im Juni, wenn die sibirischen Schwertlilien blühen. Im Ried nisten noch etwa 180 zum Teil bedrohte Vogelarten.

Im Eriskircher Ried findet sich auch der letzte große »amphibische« (also von Fischen, Wasservögeln usw. bewohnte) Schilfbestand des Sees bei der sogenannten Schulzeninsel. Er wurde kürzlich durch den Bau eines über 600 m langen, 1,50 m hohen Schilfschutzzaunes umgeben. Dieser soll das Schilfgebiet vor Treibgut und Wohlstandsmüll ebenso wie vor Hochwasserschäden schützen. Für Spaziergänger ist das Ried dennoch weiterhin sichtbar, nur vom Wasser her ist die Sicht behindert.

Der Ausflug ist mit einem Abstecher zur *Eriskircher Pfarrkirche* leicht zu verbinden. Der Bau aus dem 15. Jh. birgt gut erhaltene Fresken aus dieser Zeit, außer-

dem beachtenswerte Glasmalereien, die von den Grafen von Montfort gestiftet wurden.
(I 3, 4)

KRESSBRONN

Zwischen Apfelplantagen, die während der Blüte und der Ernte eine richtige Bilderbuchlandschaft herbeizaubern, liegt Kressbronn mit ca. 6700 Ew. direkt an der württembergisch-bayerischen Grenze. Es ist ein familienfreundlicher Ort zum Erholen, Sporttreiben und Wandern. Wanderungen im romantischen Hinterland führen zum Schleinsee und an die Wildwasserlandschaft der Argen. Die älteste Hängebrücke Deutschlands, die 1900 auf der Pariser Weltausstellung als »Vollkommenste Kabelhängebrücke« gefeiert wurde, führt darüber. Angeblich stand sie Pate bei der Golden Gate Bridge in San Francisco. Am See ist Kressbronn bekannter durch die 1920 gegründete »Bodanwerft«, auf der u.a. fast alle Schiffe der »Weißen Flotte« sowie alle Fähren gebaut wurden. (I 4)

RESTAURANT UND HOTEL

Strandhotel
Ein modernes, komfortables Haus direkt am See. Das dazugehörige *Café-Restaurant »Am Kretzergrund«* serviert Gerichte aus eigener Metzgerei. *Geschl. Mitte Jan.–Ende Feb., Uferweg 5, Tel. 07543/6841, Kategorie 2*

AM ABEND

Weinstuben Zur Kapelle
Ruhetage Mo und Di, geschl. Ende Dez. und Mitte Jan.–Mitte März, Hauptstraße 15, Tel. 07543/6271

AUSKUNFT

Verkehrsamt Kressbronn
Im Schlößle, 8.30–12 und 15 bis 18 Uhr, 7993 Kressbronn, Tel. 07543/60292
Kressbronn ist Bahnstation und Anlegestelle der »Weißen Flotte«.

LANGENARGEN

Von 1290 bis 1780 residierten in Langenargen (6200 Ew.) die Grafen von Montfort. Aber merkwürdigerweise hat Langenargens Wahrzeichen, das im maurischen Stil erbaute Schloß Montfort, mit dem mächtigen alten Grafengeschlecht gar nichts mehr zu tun. Die Grafen starben 1783 aus, ihre alte Burg zerfiel, und erst König Wilhelm I. von Württemberg ließ 1861/65 das heutige Schloß erbauen. Es ist eines der markantesten Gebäude am See. Von seinem zinnenbekrönten Turm hat man eine herrliche Rundsicht. Das Schloß dient als Haus des Gastes, Konzert- und Ausstellungsgebäude, es hat im Untergeschoß eine Disko. Die sommerliche Konzertserie im Schloß hat Rang und Ruf. (J, K 4)

BESICHTIGUNG

Pfarrkirche St. Martin
Ein hübscher Barockbau mit einigen Schätzen, so z.B. einem Schutzengel des Barockmalers Franz Anton Maulbertsch, und einem schön gegliederten Rokoko-Orgelprospekt. *Gegenüber dem Schloß Montfort*

Schloß Montfort in Langenargen

MUSEUM

Langenarger Museum
Im früheren Pfarrhaus befindet sich nicht nur eine Sammlung von Bildern des Fr. A. Maulbertsch, sondern auch die Sammlung von Werken des Malers Hans Purrmann, der 20 Jahre in Langenargen lebte und hier u. a. seine schönsten Bodenseebilder schuf. Das Museum veranstaltet im Sommer auch Sonderausstellungen. *Museum Langenargen, tgl. außer Mo 10–12 und 14.30 bis 17 Uhr, Eintritt 2,50 Mark, Marktplatz 20, Tel. 0 75 43/34 10*

HOTELS

Hotel-Restaurant »Schwedi«
Kleines, reizvolles Haus, etwas außerhalb und ganz im Grünen, wo es auf einer großen Liegewiese mit beheiztem Schwimmbad und vielen Sportmöglichkeiten so ungezwungen wie gesellig zugeht. Das Restaurant ist auf Fischgerichte spezialisiert, die Fische werden vom Senior gefangen und vom Junior zubereitet. *Geschl. Nov.–Ende Jan., Tel. 0 75 43/21 42, Kategorie 2*

Hotel »Seeterrasse«
Das Hotel liegt am Ortsrand unmittelbar am See. Eine große Liegewiese mit beheiztem Schwimmbad lädt zum Faulenzen ein. Das Restaurant (Tischbestellung!) ist erstklassig. *Geschl. Mitte Okt.–April, Obere Seestraße 50–52, Tel. 0 75 43/20 98, Kategorie 1/2*

AM ABEND

Montfort-Stüble
Gute Weinstube. *Tgl. außer So 11–14 und 17–24 Uhr, Kirchstraße 1, Tel. 075 43/41 05*

AUSKUNFT

Verkehrsamt
7994 Langenargen, Mo–Fr 8–12 und 13.30–18, Sa 9–12 Uhr, Tel. 075 43/3 02 92

MARKDORF

Friedrichshafen ist ein gut gelegener Standort und Ausgangspunkt für Exkursionen und Wanderungen in die Umgebung. Eine Fahrt nach Markdorf (knapp 11 000 Ew.) verspricht einen Bummel durch eine besonders schöne Altstadt mit Türmen, Toren und einem Befestigungsring um die Stadt, die schon im Jahre 817 urkundlich erwähnt wurde. (H 2)

HOTEL/RESTAURANT

Bischofsschloß
Markdorfs bedeutendster, 1740 errichteter Bau, in dem sich heute ein Hotel mit Restaurant befindet, das neuzeitlichen Komfort in historischen Mauern und eine regionale, internationale und vegetarische Küche anbietet. *Ganzjährig geöffnet, Rest. Di–Sa 12–14 und 18–22 Uhr, Mo ab 18 Uhr, Schloßweg 2–8, Tel. 075 44/81 41, Kategorie 1*

AM ABEND

Wirtshaus am Gehrenberg
An den Wochenenden des Jahres werden laufend »Tanz-Parties« und Kleinkunst-Abende veranstaltet. *Ab 21 Uhr, Gehrenberg 1, Tel. 075 44/27 91*

AUSKUNFT

Verkehrsamt Markdorf
Mo–Fr 9–12 und 14–17, Sa 9–12 Uhr, Rathaus, Tel. 075 44/5 00-0

ZIEL IN DER UMGEBUNG

Ferienlandschaft Gehrenberg
Hier finden Sie ein ideales Wander- und Radwandergebiet. Vom Gehrenberg und vom Höchsten (833 m) hat man einen Ausblick bis zu den Alpen. Abseits des Touristenstroms findet der Wanderer hier eine fast unberührte, vielgestaltige Wald- und Wiesenlandschaft mit gut markierten Wanderwegen. Übernachtungsmöglichkeiten in vielen kleinen Gasthöfen der Orte Bermatingen (3140 Ew.), Markdorf, Oberteuringen (3550 Ew.) und Deggenhausertal (3300 Ew.). Im *»Ferienzentrum Gehrenberg«* in Oberteuringen stehen über 100 Ferienapartments zur Verfügung. *7991 Oberteuringen, Tel. 075 46/55 61*
Auskunft erteilt der *Fremdenverkehrsverein Gehrenberg-Bodensee, Mo–Fr 9–12 und 14–17, Sa 9 bis 12 Uhr, 7778 Markdorf, Marktstraße 1, Tel. 075 44/5 00-2 90*

Bahnverbindung ab Friedrichshafen. Anfahrt über die L 207 via Immenstaad (knapp 25 km). (H 2)

RAVENSBURG

Die alte Welfenstadt Ravensburg (etwa 20 km nördlich von Friedrichshafen, rd. 44 000 Ew.), bis zum 16. Jh. Sitz der »Großen

Ravensburger Handelsgesellschaft«, zeugt von einer Vergangenheit, die Macht und Reichtum des schwäbischen Leinen- und Tuchhandels auch in ihren Bauten repräsentierte. Leider ist das alte Fachwerk der Patrizierhäuser heute meist verputzt, aber 14 Tore und Türme von den Befestigungsanlagen des 13. Jh. sind unverändert erhalten. (K)

BESICHTIGUNGEN

»Kirche Unserer Lieben Frau«
Aus dem 14. Jh. *Kirchstraße*

Spätgotisches Rathaus
Ein Besuch lohnt ebenso wie ein Blick in die Klosterkirche von 1350 (heute Ev. Kirche). *Marienplatz*

Alte Welfenstadt Ravensburg

MUSEUM

Städtisches Museum im Vogthaus
Macht mit der bürgerlichen Wohnkultur aus vier Jahrhunderten bekannt. *Di–Sa 15–17, So 10–12 und 15–17 Uhr, Charlottenstraße 36, Tel. 0751/31121, Stadtführungen: Anmeldung im Städt. Verkehrsamt*

HOTEL-RESTAURANT

Romantik-Hotel Waldhorn
Ravensburgs erste Adresse für Wohnen und Essen. Der Chef: ein Deutsch-Franzose, der japanisch kocht und Weine aus der Region serviert. *Ruhetag Mi, Schulgasse, Tel. 0751/16021, Kategorie 1*

AUSKUNFT

Städt. Verkehrsamt
7980 Ravensburg, Marienplatz 54, Tel. 0751/82-324

ZIEL IN DER UMGEBUNG

Kloster Weingarten
Das Kloster ist ein absolutes Muß für jeden Besucher dieser Region. Der 1724 geweihte, gewaltige Bau geht auf das Vorbild der Salzburger Kollegienkirche, also auf den Baumeister Fischer von Erlach zurück. Mit einer im Mittelteil nach vorn ausschwingenden, doppeltürmigen Fassade, einer 65 m hohen Vierungskuppel mit 102 m Länge und der 65 m hohen Kuppel ist die Kirche wahrhaft eine Demonstration von Macht und Kultur des Benediktinerordens. Überdies ist die Namensliste der am Bau beteiligten Künstler so etwas wie ein »Gotha« des

Das Kloster Weingarten bei Ravensburg

schwäbischen Barock. Die *Wallfahrtskirche*, zu der an jedem Freitag nach Himmelfahrt ein *Blutritt* mit 2700 Reitern stattfindet, wurde von Papst Pius XII. zur Basilika erhoben; sie beherbergt Deutschlands zweitgrößte Orgel (mit 76 Registern). Doch sollte man sich hier nicht nur von Zahlen imponieren lassen. Weingarten hat den ganzen Überschwang der barocken »Glorificatio« der Kirche, die in der Kuppel dargestellt ist, in ein beeindruckendes »Gesamtkunstwerk« gefaßt. Eine Führung ist zu empfehlen. *Tel. Voranmeldung 0751/43071*

TETTNANG

★ Die alte Residenzstadt der Grafen von Montfort (der rätoromanische Name spricht sich, wie er geschrieben wird) zählt rund 16000 Ew. Mit drei Montfort-Schlössern beweist die Stadt bis heute, daß die Montforts eines der bedeutendsten Geschlechter des Bodenseeraumes waren. Seit dem 13. Jh. bewohnten die Grafen das Torschloß, von dem noch der Torturm von 1464 erhalten ist. (K 3)

BESICHTIGUNGEN

Altes Schloß
Im 17. Jh. von den Montforts gebaut. Heute befindet sich darin das Rathaus. Der Ratssaal mit schwerer Kassettendecke ist einen Besuch wert. *Montfortplatz*

Neues Schloß
1758 nach einem Brand neu errichtet, ist es für seine Innendekoration berühmt, an der Jos. Anton Feuchtmayr maßgeblich beteiligt war. Der *Bacchus-Saal* beeindruckt mit allegorischen Deckenfresken und feinem Stuck, der *Rittersaal* dient heute u.a. als Konzertsaal. *Nur mit Führung zugänglich. April–Ende Okt. tgl. 10.30–14.30 und 16 Uhr, Tel. 0751/403401*

MUSEUM

Montfort-Museum
Im Museum im Torschloß sind Sammlungen aus der Geschichte des Hauses untergebracht. *April–Okt. Mi und Sa 14–16, So 10–12 Uhr, Montfortstraße, 7992 Tettnang, Tel. 07542/510216*

HOTEL-RESTAURANT

Hotel-Restaurant »Rad«
Tettnang ist berühmt für seine Spargelkulturen. Im »Rad« gibt es vorzügliche Spargelgerichte. Tischbestellung! *Lindauer Straße 2, Tel. 07542/5400, Kategorie 2*

AUSKUNFT

Verkehrsverein Tettnang
Rathaus, Tel. 07542/510-0
Busverkehr nach Friedrichshafen (10 km). Anfahrt B 30 bis Lochbrücke, dann L 333.

RESTAURANT KONDITOREI

Seegrünes Wasser und schwarze Berge

Flache Uferlandschaft mit Obstplantagen und Streuobstwiesen beherrschen das Bild des bayerischen Bodensees

Hinter Friedrichshafen verändert sich die Landschaft am Bodensee. Er hat jetzt seine größte Breite gewonnen und ist aus der anheimelnden Enge der sanft geschwungenen Hügel und steilen Rebhänge herausgetreten. Die Uferlandschaft wird flach; Obstplantagen, Streuobstwiesen, kleine Waldstücke, landwirtschaftlich genutzte Flächen beherrschen das Bild. Dafür treten die Berge am Südufer näher heran. An Föhntagen glaubt man, bei Lindau an einem Gebirgssee zu sein. Es gibt dann fast unglaubhafte Farbenspiele über dem seegrünen Wasser, mit violetten Wolkenschatten, schwarzen Bergen und einem schwefligen gelben Licht über den Wolken. Auch die Atmosphäre im übertragenen Sinn ändert sich. Wer ans bayerische Bodenseeufer kommt, sucht die Weite des Raumes ebenso wie einen Hauch der großen weiten Welt, der hier im Dreiländereck mit seinen offenen Grenzen und internationalen Nord-Süd-Verbindungen immer spürbar ist. Lindau und Bad Schachen haben eine andere Internationalität als Konstanz. Hierher kommen viele elegante Norditaliener. Im Winter ist die Stadt Zwischenstop für Skiläufer aus Norddeutschland. Die Bregenzer Festspiele im Juli und August, obwohl eine österreichische Veranstaltung auf österreichischem Boden, ziehen zahllose Besucher nicht nur aus dem süddeutschen Raum an. Und die großen Lindauer Kongresse bringen Besucher aus aller Welt in die Stadt und die umliegenden Orte. Der bayerische Bodensee ist nicht weniger geschichtsträchtig als der gesamte Bodenseeraum. Aber das tritt, von der Lindauer Altstadt und der Wasserburg abgesehen, hier nicht so beherrschend in Erscheinung wie im Hegau und Linzgau. Der alte alemannische »Argengau«, später Herzogtum Schwaben, erlebte unter der Herrschaft der Welfen, die vom 11. Jahrhundert an die Reichspolitik maßgeblich mitbeeinflußten, keine schlech-

Lindaus malerischer Hafen ist die Heimat vieler Bodensee-Skipper

ten Zeiten. Danach hatte auch diese Region teil an dem Glanz, den die kaiserliche Gunst der Staufer dem Bodenseeraum bescherte. Und auch die Habsburger, die nach dem Aussterben der Staufer im 13. Jahrhundert das Erbe antraten, regierten im allgemeinen mit maßvoller Hand. Im Schwabenkrieg, der 1499 zur Abtrennung der neugegründeten »Schweiz« führte, kam diese österreichisch - habsburgerische Region, etwa gegenüber Konstanz, vergleichsweise glimpflich davon. Später hatte sie, wie der gesamte Bodenseeraum, unter den Schrecken des 30jährigen Krieges zu leiden; danach rissen Reformation und Gegenreformation tiefe Feindschaften auf. Die napoleonische Zeit brachte noch einmal einschneidende Veränderungen: 1805 wurde das Land zwischen Nonnenhorn und Lindau bayerisch – und ist es bis heute geblieben oder nach kurzen Unterbrechungen wieder geworden.

LINDAU

Zwei weitgeschwungene Hafenmolen, die eine mit einem Leuchtturm, die andere mit dem Standbild des bayerischen Löwen, und eine breite Prachtpromenade vor eleganten Hotelfassaden – das ist das Bild von Lindau, das in Hunderttausenden von Fotos und Ansichtskarten um die Welt geht. Dabei stammt dieser Hafen erst aus dem Jahr 1856. Heute drängeln sich im Sommer ferienfrohe Menschen auf dieser Promenade, sitzen in den Gartenrestaurants, beim Kurkonzert oder auf den Bänken an den Ufermauern. Andere warten, dicht an dicht, auf den nächsten Dampfer, der sie ins österreichische Bregenz, ins schweizerische Arbon oder an den deutschen Obersee bringen soll. Nirgendwo anders am See ist die Stadtgeschichte so deutlich an den Bauten der Stadt abzulesen wie in Lindau. Werfen Sie einen ★ Blick vom Leuchtturm auf der Mole über Stadt und See. Besonders amüsant ist es, das hektische Leben am und im Hafen von oben zu beobachten.

Zu Beginn der Moderne, als Lindau seine Reichsfreiheit verlor, das fürstliche Damenstift aufgelöst wurde und die Stadt an die Fürsten von Bretzenheim fiel, dann österreichisch, schließlich 1806 bayerisch wurde, verlor die Stadt an Bedeutung. Doch machte sie sich bald im Fremdenverkehr des 19. Jh. einen Namen, vor dem Zweiten Weltkrieg schon einen recht bedeutenden. Am Ende des Zweiten Weltkriegs wurde Lindau kampflos den Franzosen übergeben. Und nach deren Abzug machte es sich daran, eine umweltfreundliche Industrie auf dem Festland anzusiedeln (Escher-Wyss, Metzeler u.a.), die reichen Obsternten im Umkreis zu verarbeiten – »Lindavia«-Säfte gehen von hier aus in die ganze Welt – und sich künftig dem Fremdenverkehr zuzuwenden. Dem dienen nun auch die verwinkelten Altstadtgassen und die Bürgerhäuser aus früheren Jahrhunderten zur Kulisse, die Kirchen auf ihre Weise ebenso wie die Kunstschätze der Stadt. Heute steht die gesamte Insel-Altstadt unter Denkmalschutz. Sie ist mit dem Alten Rathaus und der neuen »Inselhalle« am Nordufer aber auch ein wichtiger Kongreß- und Tagungsort geworden. Auf der Insel leben heute noch rund 4000 von insgesamt 25000 Einwohnern. *Der Leuchtturm kann im Sommer tgl. von 9 Uhr bis zur Dunkelheit bestiegen werden. Erw. 1 Mark, Kinder 0,50 Mark* (L 5)

BESICHTIGUNGEN

Altes Rathaus

An Lindaus breitem Boulevard, der Maximilianstraße, zeugt das Alte Rathaus noch heute von bürgerlichem Selbstbewußtsein, Reichtum und Unternehmungsgeist. Der spätgotische Bau mit ausgeziertem Treppengiebel und Verkünd-Erker über der Treppe wurde 1422/30 erbaut. Die Bemalungen nehmen auf den Lindauer Reichstag von 1496 Bezug. Auf ihn sind die Lindauer stolz, obwohl damals nur ein paar recht unwichtige Beschlüsse gefaßt wurden. Der getäfelte Saal im 1. Stock dient heute als Kongreß- und Tagungsraum.

Diebsturm

Mittelalterliches Stadtgefängnis nahe der Bahnlinie, die die Inselstadt über den 1853 gebauten Bahndamm mit dem Festland verbindet.

Haus zum Cavazzen

★ Das repräsentativste Gebäude Lindaus wurde nach früheren Grundstückseignern, der italienischen Familie Cavazza (de Kawatz) benannt. Heute sind die Städtischen Kunstsammlungen in diesem schönsten Bürgerhaus am See untergebracht. Lindau hatte eine selbstbewußte, finanzkräftige Kaufmanns-Bürgerschaft von europäischem Format. Sie unterhielt sogar einen regelmäßigen Kurierdienst nach Mailand, den »Lindauer Boten«. 1989 wurde der Bote, ein Postillon in historischer Uniform, auf dem Bock eines fünfspännigen

MARCO-POLO-TIPS FÜR DEN BAYERISCHEN BODENSEE

1 Ausfahrt zum Fischfang
In Wasserburg können Sie im Fischereihafen mit Fischern vereinbaren, daß Sie einmal an einer Fahrt teilnehmen. Ein außergewöhnliches Erlebnis! (Seite 87)

2 Haus zum Cavazzen in Lindau
Die Sammlung der Musikautomaten reicht von der allerkleinsten Spieldose bis zum elektrischen Klavier aus dem Hause Wittelsbach. (Seite 81, 83)

3 Leuchtturm auf der Mole in Lindau
Genießen Sie den herrlichen Rundblick. (Seite 80)

4 Modellbahn-Großanlage Lindau
Die größte Anlage Europas (Seite 82)

Wagens auf Nostalgie-Reise auf den historisch überlieferten Weg nach Mailand geschickt: Ein Medienspektakel und eine wirksame Werbung für die Stadt!

Modellbahn-Großanlage

★ Die Anlage in der Luitpold-Kaserne (beim Seeparkplatz) ist die größte Europas und eine Attraktion für Groß und Klein. Auf 500 m Gleislänge fahren zehn vollautomatisch gesteuerte Züge durch eine naturgetreue Landschaft. *Mai–Aug. 9.30–11.30 und 14–16.30 Uhr, Erw. 4 Mark, Kinder 8 Mark*

Peterskirche

Der Namenspatron St. Peter deutet darauf hin, daß die um 1000 gebaute Kirche eine Fischersiedlung betreute. Der klare schlichte Saalbau, der heute eine würdige Gedenkstätte für die Gefallenen beider Weltkriege birgt, ist berühmt durch die Fresken des älteren Holbein (1485/90), die sogen. »Lindauer Passion«, die die Leidensgeschichte Christi darstellt. *Gleich hinter dem Diebsturm*

Pfarrkirche St. Stephan

Die Stephanskirche erhielt ihre Form, nach vielen Um- und Anbauten, erst Ende des 18. Jh. Ihr heute sehr schlichtes Inneres zeigt feine Stukkaturen. *Am Marktplatz*

Stiftskirche Mariä Himmelfahrt

Sie geht auf die kleine Kirche eines adligen Nonnenklosters zu-

Das Alte Rathaus in Lindau

rück, das um das Jahr 800 gegründet wurde, 1079 den auf dem Festland liegenden Markt Aeschach auf die Insel zog und 1466 zur Reichsabtei gefürstet wurde. Lindau war schon im 13. Jh. freie Reichsstadt. Stadt und Reichsabtei, die natürlich längst mit einer größeren und prächtigeren Kirche ausgestattet waren, konkurrierten also in mancherlei Hinsicht. Die Stiftskirche fiel 1728 einem verheerenden Stadtbrand zum Opfer. Die heutige Stiftskirche, von Bagnato erbaut, wurde 1751 geweiht. Sie vertritt eine späte Form der Wandpfeilerkirche, die festlich und prächtig wirkt. Zur Zeit ist wegen Restaurierung nur der Altarraum zu betreten. *Am Marktplatz*

MUSEEN

Friedensmuseum

Das in Lindau-Bad Schachen seit 1980 bestehende Museum ist einmalig in Europa. Es zeigt Friedensdokumente in Wort und Bild von der Antike bis zur Gegenwart. Es dokumentiert Lebensläufe und -werke von Menschen, die sich um den Frieden verdient gemacht haben. Auch Sonderausstellungen. *Mitte April–Mitte Okt. Di–Sa 10–12 und 14.30–17 Uhr, Lindenhofweg 25, Tel. 083 82/2 45 94*

Haus zum Cavazzen

★ Der Besuch führt in die behäbige, kunstsinnige Welt des wohlhabenden Lindauer Bürgertums. Ob man vor einem schönen alten Bodenseeschrank steht oder vor einer kunstvoll geschmiedeten Tischuhr, vor dem Portrait der Friederike von Bretzenheim, jener letzten Fürstäbtissin, der Horst Wolfram Geissler seinen Roman »Der liebe Augustin« widmete, oder vor der Prunksänfte eines reichen Lindauer Bürgers – es ist immer eine Begegnung mit der Feinsinnigkeit einer Bürgerschicht, die sich auch darzustellen wußte.

Und noch eine Besonderheit: Das Haus enthält eine der schönsten und umfangreichsten Sammlungen mechanischer Musikinstrumente aus der Zeit ihrer Anfänge bis in die zwanziger Jahre unseres Jahrhunderts.

Sie können sich Mozart-Melodien oder den »Lieben Augustin« vorspielen lassen, wie Sie es wünschen. Allerdings nur mit Führung. *Stadtmuseum »Haus zum Cavazzen«, 1. April–1. Okt, Di–So 9–12 uand 14–17 Uhr, Erw. 5 Mark, Kinder 3 Mark, Marktplatz 6, Tel. 083 82/275-405/ 400*

RESTAURANTS

Hoyerberg-Schlößle

Das in »Art deco« stilvoll eingerichtete Haus serviert das Beste vom Besten exquisit zubereitet. Erwischen Sie bei zeitiger Tischbestellung einen Platz am Fenster, können Sie die ganze Lindauer Bucht übersehen. *Tgl. außer Mo 12–14 und 18 bis 22 Uhr, Hoyerbergstraße 64, Tel. 083 82/ 2 52 95, Kategorie 1*

Raichlebeck

Phantastische schwäbische Küche finden Sie in der Altstadt. Ein Kellerlokal mit urgemütlicher Atmosphäre. Der Chef kocht selbst! *Tgl. auß. Mo 11.30–13.30 und 18–22 Uhr, Linggstraße 14, Tel. 083 82/2 87 59, Kategorie 3*

Weinstube Frey
Im 1. Stock eines alten Bürgerhauses im Stadtzentrum bietet das Lokal ausgewählte Weine nicht nur aus der Region (probieren Sie einen »Lindauer Seegarten«!) zu schwäbischer Küche und feinen Fischspezialitäten. *Tgl. außer Mi 11–14 und 17 bis 24 Uhr, Maximilianstraße 15, Tel. 08382/5278, Kategorie 2*

EINKAUFEN

Altes Porzellan, antikes Silber und alter Schmuck
Eine große Auswahl hat Michael Zeller. *Maximilianstraße 25a, Tel. 08382/4027*

Lindauer Spieldosen
Spieluhren alter und neuer Provenienz finden Sie im Antiquitätengeschäft. *P.J. Walter, Maximilianstraße 29, Tel. 08382/22736*

HOTELS

Bayerischer Hof
Mit angeschlossenem Hotel Reutemann mit »Seegarten« ist der Bayerische Hof das erste Haus auf der Insel. Hotels, die mit ihrer Wohnqualität wie auch mit ihren Restaurants alle Wünsche erfüllen. *Seepromenade, Tel. 08382/5055, Bayer. Hof Kategorie 1, Reutemann/Seegarten, Kategorie 1/2*

Hotel Bad Schachen
Das Hotel ist ein Riesenkomplex mit einem Anbau direkt am See in schöner Parklage. Ein Haus für den verwöhnten Geschmack, der auch Sinn für den aufwendigen Stil der Jahrhundertwende hat. *April–Okt., Bad Schachen, Tel. 08382/5011, Kategorie 1*

Hotel garni Brugger
Ein sauberes, komfortables, gutbürgerliches Haus, das seine Gäste sehr persönlich betreut. *Bei der Heidenmauer 11, Tel. 08382/6086, Kategorie 2*

Hotel Toscana
Am Aeschacher Ufer. Es hat eine familiäre Atmosphäre, allen Komfort und eine große, schöne Liegewiese. Das Haus wird garni geführt. *Mitte Jan.–Nov., Am Aeschacher Ufer 14, Tel. 08382/3131, Kategorie 2/3*

SPORT

Alle Arten Wassersport, Segelkurse und Segelcharter in der Bodensee-Yachtschule. Lindau ist Ausgangspunkt für Bergwanderungen im Allgäu, Arlberg, Liechtenstein und der Schweiz; Golfplatz, Rollschuhplatz (Lindenschanze), im Winter Städt. *Kunsteisbahn im Strandbad Eichwald, Tel. 08382/5539; Tennis-Club, Am Giebelbach, Tel. 08382/5507; Reitstall, Taubenberg, Tel. 08382/28771; Bodensee-Yachtschule Lindau, Schiffswerfte 2, Tel. 5140*

AM ABEND

Internationale Spielbank
Täglich ab 15 Uhr wird Roulette, Bakkarat, Quick Table, Black Jack und American Roulette gespielt. Ab mittags ist das Spezialitäten-Restaurant mit Seeterrasse geöffnet. *Oskar-Groll-Anlage 2, Tel. 08382/5200, Kategorie 1*

Jugendzentrum »Scheune«
Das Jugendzentrum im ehemaligen Zeughaus beim Diebs-

turm ist ein beliebter Jugendtreff. Gelegentlich auch Disko. *Di–Sa 15–21 Uhr, Unterer Schrannenplatz, Tel. 08382/275128*

Kino

Lindau hat zwei Kinos. *Zeppelinstraße 6 und Zwanziger Straße 3*

Stadttheater Lindau

Lindau hat in der früheren Barfüsserkirche ein eigenes Theater, das von namhaften Tourneebühnen bespielt wird. Konzerte finden, auch während der Sommermonate, in der Inselhalle oder im Theater selbst statt, und während der Spielferien gibt es fast täglich Kurkonzerte. *Barfüsserkirche, Ludwigstraße, Tel. 08382/26665*

Weinstuben und Nachtlokale

Die Insel bietet vielerlei Möglichkeiten der Unterhaltung am Abend. Im übrigen ist allerdings »Klein Schwabing« in Lindau-Zech fürs Nachtleben zuständig. Hier finden Sie alles – bis hin zum Striptease.

AUSKUNFT

Tourist Information

Am Hauptbahnhof. *Mo–Fr 8–18, Sa 9 bis 15 Uhr, 8990 Lindau, Tel. 08382/26000*

ZIEL IN DER UMGEBUNG

Wangen

Das knapp 20 km nördlich von Lindau liegende Allgäu-Städtchen Wangen (24000 Ew.) blickt auf eine lange Geschichte als Freie Reichsstadt seit Stauferzeiten zurück (bis 1805). Diese Geschichte hat sich im Stadtbild malerisch ausgeprägt: Das Rathaus mit gotischen Resten und barocker Fassade am Marktplatz, die auf romanische Anfänge zurückgehende Martinskirche sind ebenso sehenswert wie das klassizistische Ritterhaus des Fr. Anton Bagnato und die alten Türme und Tore des Stadtrings.

Für Schlesier ist Wangen interessant wegen seiner »Schlesischen Archive«. Das »Eichendorff-Museum« (*Lange Gasse 1, Tel. 07522/74242*) und das »Gustav Freytag-Archiv« (*Lange Gasse 1, Tel. 07522/6671*) zeigen Originaldokumente zu Leben und Werk des schlesischen Dichters Eichendorff. Das Gustav-Freytag-Archiv dient wissenschaftlichen Forschungen über den schlesischen Nationalliberalen und Romanautor (»Soll und Haben«). In beiden Instituten ist telefonische Voranmeldung nötig.

Vorzüglich essen kann man im *Romantik Hotel Alte Post, Di–So, Postplatz 2, Tel. 07522/4014, Kategorie 1*

NONNENHORN

Der malerische, ländlich-dörflich gebliebene Ort mit rund 1800 Einwohnern ist ein in der großen Bucht gelegenes Ferienidyll mitten in einer Obstbaumlandschaft.

Ein Strandbad, das mit seinen Möglichkeiten – großem Warmwasserbecken, Wärmehalle und Solarium, Wandergebiete im Hinterland, Segelschule und Tennisplatz – viel Abwechslung bietet. Bei der Namensgebung des Dorfes haben nicht irgendwelche Nonnen, sondern der keltische Volksstamm »Nunen« Pate gestanden. (K 4)

BESICHTIGUNGEN

St. Jakobus-Kapelle

Sie ist spätgotisch mit einem frühbarocken Dachreiter-Türmchen. Im Innern sind einige Skulpturen aus dem späten 15. Jh. sehr sehenswert.

Weintorkel

Die alte Traubenpresse aus dem Jahr 1591 deutet darauf hin, daß in Nonnenhorn früher erheblich mehr Weinbau betrieben wurde als heute.

HOTEL UND RESTAURANT

Gasthof »Engel-Seewirt«

Ein modernisierter, komfortabler Landgasthof, der in mehreren Gaststuben einheimische Gerichte serviert. *Mitte Feb.–Ende Nov., Seestr. 15, Tel. 08382/89142, Kategorie 2*

Gasthof zum Torkel

Rustikale Atmosphäre. Im neuangebauten Gästehaus haben alle Zimmer Balkone und modernen Komfort. *Feb.–Mitte Dez., Seehalde 14–16, Tel. 08382/ 8412/13, Kategorie 3*

AUSKUNFT

Verkehrsamt

Mo–Fr 8–12 und 14–17, Sa 10 bis 12 Uhr, 8993 Nonnenhorn, Seehalde 2, Tel. 08382/8250

WASSERBURG

Eine Halbinsel mit alten Giebeln, weißen Mauern und roten Dächern, eine Kirche mit Zwiebelturm, im Vordergrund blühende Magnolien und im Hintergrund verschneite Berggipfel – das ist Wasserburg im Frühling. Bayerischer geht es kaum und friedlicher auch nicht. Wasserburg ist eine uralte Siedlung, sie feierte 1984 ihr 1200jähriges Bestehen. Das Schloß enthält wahrscheinlich sogar die Reste eines römischen Wachtturms. Auch die erste Pfarrkirche St. Georg dürfte schon vor 750 erbaut sein. Wasserburg ist im Lauf der Zeit durch vieler Herren Hände gegangen: die der Herren von Kißlegg und die der Grafen von Montfort, aber auch die Grafen Fugger-Wellenburg und das Erzhaus Österreich haben den Ort, je nach ihrer Finanzlage, gekauft, verschenkt, verkauft. Pest und Schwedenbesatzung im 30jährigen Krieg, später die napoleonischen Kriege setzten der Bevölkerung arg zu. 1803 kam Wasserburg schließlich an Bayern. Im 19. Jh. fand es Anschluß an die Moderne, man verlegte sich auf Obst- und Gemüseanbau und -auktionen; der Bau eines Fischerei-, Segel- und Motorboothafens im Jahr 1871 belebte Handel und Wandel, und in zunehmendem Maß gewann der Fremdenverkehr an Bedeutung. Wasserburg hat heute knapp 3000 Einwohner.

Die Vergangenheit ist heute nur noch sympathische Kulisse entspannter Ferientage. Nur wenn Sie die Sehenswürdigkeiten näher ins Auge fassen, können Sie noch ahnen, was frühere Generationen erlebten. (K, L 5)

BESICHTIGUNGEN

Fuggersäule

Auf dem Weg zum Festland erinnert die Säule daran, daß ein

völlig verarmter Fugger 1720 die Zugbrücke von der einstigen Insel zum Festland nicht mehr reparieren konnte und daher den Graben zuschütten ließ. Seitdem ist Wasserburg eine Halbinsel.

Pfarrkirche St. Georg
Das barocke Gebäude zeigt noch wenige Restbestände aus der Zeit vor der Verwüstung durch die napoleonischen Kriege. Am Kirchturm befindet sich ein Grabstein für den Fuggerschen Oberamtmann Bartholomäus Heuchlinger. Der hat die in Wasserburg besonders abscheulichen Hexenprozesse nach dem 30jährigen Krieg zu verantworten.

MUSEUM

Heimatmuseum
Im 1597 erbauten Malhaus. Es zeigt historische Dokumente und Handwerkserzeugnisse des alten Weinbau- und Fischerdorfes. Sonderausstellungen. *Heimatmuseum im Malhaus, Mai–Okt. tgl. außer Mo 10–12, Mi und Sa 15–17 Uhr, Eintritt: 2 Mark, Auf der Halbinsel (Verkehrsamt), Tel. 08382/5582*

RESTAURANTS

Hotel-Restaurant »Zum Lieben Augustin am See«
Modernes, komfortables Hotel mit eigenem Strand. Schwäb. Spezialitäten-Restaurant. *An der Halbinsel, Tel. 08382/28894, Kategorie 1/2*

Restaurant im Freizeitzentrum
Gemütliches Restaurant mit großer Terrasse. Das Badevergnügen im beheizten Freibad verbindet sich zwanglos mit einem gutbürgerlichen Essen danach. *Freizeitzentrum Wasserburg, Mai–Sept. tgl. 10–ca. 20 Uhr, Tel. 08382/3624, Kategorie 3*

HOTEL

Hotel Schloß
Das 1358 zerstörte, mehrfach umgebaute Schloß ist heute ein Hotel. Wer es feiner liebt, wird hier und im Schloßkeller auf seine Kosten und seinen Geschmack kommen. Und er wird im Schloß auch in historischer Umgebung komfortabel und ruhig wohnen können. *15. Jan.–15. Dez., Ruhetag Dienstag, Hauptstr. 5, Tel. 08382/5692, Kategorie 2*

SPORT

Vor allem im Freizeitzentrum ausgedehnte Wassersportmöglichkeiten und eine eigene Segel-Surf-Schule, Segelunterricht für Bodenseepatente bietet die *Segelschule R. Kuprella, Auf der Halbinsel, Tel. 08382/8583*
Tennisplatz, Reitmöglichkeiten.
Eine ★ Ausfahrt zum Fischfang ist ein Vergnügen für Frühaufsteher: dann holen die Fischer ihre »Ernte« aus den ausgelegten Netzen im See ein. *Vereinbarung mit Fischern oder Verk. Amt Wasserburg, Tel. 08382/5582*

AUSKUNFT

Fremdenverkehrsamt
Mo–Fr 8–12 und 14–17, Sa 10 bis 12 Uhr, 8992 Wasserburg a. B., Bahnhofstr. 1, Tel. 08382/5582
Wasserburg ist Bahnstation und Anlegeplatz der »Weißen Flotte«.

Von Ausflügen bis zum Zoll

Hier finden Sie kurzgefaßt die wichtigsten Adressen und Informationen für Ihre Bodenseereise

AUSKUNFT

Internationaler Bodenseeverkehrsverein (IBV) und Fremdenverkehrsverband Bodensee-Oberschwaben (FBO)
7750 Konstanz, Schützenstraße 8, Tel. 07531/22232

AUSFLÜGE

Bus- und Schiffsausflüge werden in allen Seeufergemeinden von privaten Bus- und Schiffsunternehmen angeboten. Näheres bei den Verkehrsämtern. Auch über organisierte Wanderungen durch die Natur- und Vogelschutzgebiete geben die Verkehrsämter Auskunft.

BAHNBUSSE

Die Busse auf den Strecken Radolfzell–Friedrichshafen und Friedrichshafen–Lindau verkehren in der Regel alle halbe Stunde, haben allerdings in den Hauptverkehrszeiten oft erhebliche Verspätungen. Fahrpläne sind an den Haltestellen angeschlagen, zu Beginn der Saison auch in den Bussen erhältlich.

Das Radwandern hat sich am Bodensee zum Massensport entwickelt (hier bei Wasserburg)

CAMPINGPLÄTZE

Am deutschen Seeufer gibt es insgesamt 41 Campingplätze, die im Sommer meist voll belegt sind. Eine Standortliste mit Telefonnummern ist bei jedem Verkehrsamt am See erhältlich.

FÄHRVERKEHR

Die Fähre zwischen Meersburg und Staad/Konstanz fährt im Sommer mit 6 Fähren im Pendelverkehr zwischen 8 und 20 Uhr, nachts jede Stunde. Im Winter etwa alle 20 Minuten. Die Fähre Friedrichshafen–Romanshorn fährt im Sommer im Stundentakt, im Winter nach Fahrplan.

FKK-STRANDBÄDER

Am deutschen Ufer gibt es nur ein einziges FKK-Strandbad bei Konstanz. *Tel. 07531/63550*

FÜTTERN VON WASSERVÖGELN

Daß Ihre Brot- und Kuchenreste nicht die richtige Ernährung für Schwäne, Möwen, Enten und Belchen darstellen, wissen Sie vermutlich selbst, vielleicht aber nicht, daß Sie die – total überfütterten – Vögel daran hindern, ihre natürlichen Funktionen im großen »Biotop Bodensee« wahrzunehmen (etwa, indem sie die Schädlinge aus dem See holen, die die Natur ihnen zugedacht hat.) Natürlich macht es viel Spaß und ist weder zu verhindern noch zu verbieten, einem neben einer Fähre oder einem Dampfer herfliegenden Möwenschwarm Futter zuzuwerfen. Aber achten Sie dann wenigstens auf sich selber: Kotflecken von Möwen können einen Mantel oder ein Sommerkleid total ruinieren: Sie sind nie wieder zu entfernen.

GELDWECHSEL

Bei allen Banken und Sparkassen können Sie Devisen bekommen, am schnellsten jedoch in den Wechselstuben an der Grenze. Der Bahnhof in Konstanz hat eine Bank und Wechselstube für alle gängigen Währungen. *Deutsche Kreditbank AG, tgl. 7–20, Sa 8–12, So 8–19 Uhr, Tel. 07531/22743*

GRENZÜBERGÄNGE

Gültiger Reisepaß oder Kennkarte erforderlich. Reisende aus den neuen Bundesländern: bundesdeutscher Paß oder gültiger DDR-Paß. Nach Österreich können Sie mit der grünen »E«-Plakette durchfahren, wenn Ihre Papiere in Ordnung sind. Für Hunde muß sowohl in Österreich als auch in der Schweiz ein Impfpaß vorgelegt werden. Konstanz hat drei Grenzübergänge (Kreuzlinger, Emmishofener und Gottlieber Zoll). Bei Lindau gibt es drei Übergänge (Ziegelhaus, Rickenbach und Hörbranz-Lochau).

JUGENDHERBERGEN

Am deutschen Bodenseeufer nur in *Friedrichshafen, Tel. 07541/72404; Konstanz, Tel. 07531/32260* und *Überlingen, Tel. 07551/4204.* Dazu im Hinterland: *Ravensburg, 0751/25363* und *Singen, Tel. 07731/42590.*

NOTRUF

Notruf-Telefone sind entlang der B 31 zwischen Radolfzell und Lindau in Abständen von etwa 2–4 km, meist in Nähe von Parkplätzen aufgestellt. Notruf-Telefonhäuschen innerhalb von Ortschaften sind mit einem roten Strich oberhalb der Tür und mit der schwarzen Bezeichnung »SOS-Notruftelefon« gekennzeichnet. Alle Notruftelefone sind durch einfache Hebelschaltung zu bedienen.

ÖFFENTLICHE FERNSPRECHER

Öffentliche Fernsprecher werden zunehmend auf Telefonkarten umgestellt. Also: Telefonkarte mitnehmen!

RADWANDERN

Das Radwandern rund um den Bodensee (250–300 km) ist zu

einem Massensport geworden. Die Radwege werden fortlaufend weiter ausgebaut. In der Hauptreisezeit ist es gefährlich, vor allem für Radfahrer mit Kindern, über dicht befahrene Autostraßen zu fahren. Sie brauchen ein gutes Tourenrad mit Normalreifen und Gangschaltung, damit Sie auf Höhenwege (z.B. zwischen Ludwigshafen und Überlingen) ausweichen können, aber auch für Abstecher ins reizvolle Hinterland.

Räderverleih wird von privaten Firmen sowie an manchen Bundesbahnhöfen angeboten. Eine Liste der insgesamt 35 Verleihstellen erhalten Sie in den Verkehrsämtern der Ufergemeinden. Räder werden auf allen größeren Schiffen der »Weißen Flotte« sowie auf den Fähren Friedrichshafen–Romanshorn und Meersburg–Staad/Konstanz befördert. Kleine Schiffe auf dem Überlinger See oder auf der Rheinstrecke befördern keine Fahrräder.

Auf der Insel Mainau sind Fahrräder nicht zugelassen. Abstellplätze und Schließfächer für Radfahrer finden sich nur auf dem Parkplatz an der Landseite, der mit dem Rad von Konstanz aus über Egg zu erreichen ist. Vom See her können Räder nicht auf die Insel gebracht werden.

Organisierte Rundtouren mit Gepäckbeförderung von Ort zu Ort bietet die *Fa. »Velotours« Konstanz,* an, *Mainaustraße 34, Tel. 07531/52083*

RUNDFLÜGE

Mit Sportflugzeugen sind Rundflüge am deutschen Ufer von folgenden Flugplätzen aus möglich: *Friedrichshafen, Tel. 07541/3009-0; Konstanz, Tel. 07531/62662; Lindau, Tel. 08389/271*

SCHIFFERPATENTE

Jedes Motorboot mit einer Maschinenleistung von über 6 DIN-PS und jedes Segelboot mit mehr als 12 qm Segelfläche darf nur mit Schifferpatent geführt werden. (Motorfahrzeuge Patent A, Segelboote Patent D). Führt das Segelboot außerdem einen Motor mit mehr als 6 PS, wird zusätzlich auch das Patent A gefordert. (Mindestalter für das Patent A 18 Jahre, für Patent D 16 Jahre). Amtliche Befähigungsnachweise für andere Gewässer als den Bodensee werden auf Antrag als Patent anerkannt. Diese »Ferienpatente« werden jeweils nur für einen Monat im Jahr ausgestellt. Anträge in Baden-Württemberg an das *Landratsamt, Schiffahrtsamt, 7750 Konstanz, Benediktinerplatz 1, Tel. 07531/800267;* in Bayern an das *Landratsamt Lindau, Am Stiftsplatz 1–4, Tel. 08382/270-121*

STURMWARNUNG

Zwischen 1. April und 31. Oktober wird in einem zweistufigen System von 7 bis 22 Uhr gewarnt, und zwar mit orangefarbenen Blitzen von jedem Hafen aus. 42 Blitze in der Minute bedeuten eine Vorsichtswarnung, sie soll Wassersportler zu »eigenverantwortlichem Handeln« auffordern. Unmittelbare Gefahr wird durch 90 Lichtblitze pro Minute angezeigt. Auf dieser Stufe wird im Sommer bei Veranstaltungen (Regatten, Festen usw.) auch die ganze Nacht gewarnt. Diese Warnung wird zwischen 1. November und 31. März auf das ganze Jahr erweitert, von 7 bis 20 Uhr.

TAUCHSPORT

30000 bis 35000 Tauchgänge werden im Sommer im Bodensee ausgeführt. Aber seit 1977 forderten Tauchunfälle allein im Überlinger See 16 Tote und 14 Verletzte. Mangelnde Ausbildung und Ahnungslosigkeit über die unterseeische Topographie bilden die fast ausschließlichen Unfallursachen.

UNFÄLLE AUF DEM SEE

Um ein Drittel gingen die Unfälle auf dem See 1990 zurück, aber der Sachschaden stieg von 400.000 Mark auf 1,3 Millionen Mark. Zehn Todesopfer wurden gezählt. Mangelnde Sorgfalt

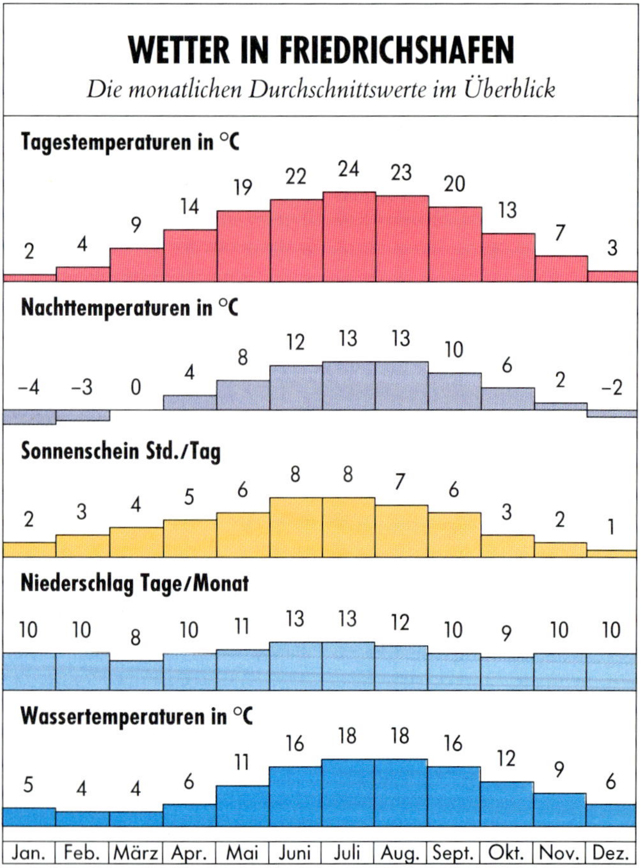

Die Schiffe der »Weißen Flotte« laufen alle Ferienorte und Städte am See an

der Schiffsführer, Nichtbeachten der Vorfahrtsregeln und leider auch Alkohol gehören zu den häufigsten Unfallursachen. In Zukunft werden deshalb auch Segler in die Tüte blasen müssen, wenn sie auffallen.

Öl-Unfälle auf dem See soll jeder Schiffsführer sofort bei der Wasserschutzpolizei melden. Ein einziger Liter Öl kann nach neuesten Forschungen zehn Millionen Liter Wasser verunreinigen! Ein Auslaufen von Schmieröl oder Treibstoff auch in kleinsten Mengen sollte mit größter Umsicht vermieden werden.

»WEISSE FLOTTE«

Sie wird so genannt, weil alle ihre Schiffe weiß gestrichen sind. 36 Schiffe der Deutschen, Österreichischen und Schweizer Bundesbahnen sind von Ostern bis Mitte Oktober und im Winter mit Sonderfahrten für den Fahrgastverkehr auf dem See unterwegs.

ZOLLBESTIMMUNGEN

Weder die Schweiz noch Österreich sind bisher EG-Länder. Es gelten im internationalen Verkehr zwischen den Anliegerstaaten die Zollbestimmungen für »andere Länder«, allerdings z.T. gemildert durch Präferenzverträge. Das heißt, daß die zahlreichen Zollbestimmungen und Ausnahmeregelungen vielfältig und schwer überschaubar sind. Zu empfehlen ist die Broschüre »Urlaub-Tips für Ihre Ferienreise«, erhältlich an jeder Zollstelle. Sie ist unentgeltlich und enthält Einzelheiten.

Bloß nicht!

Auch am Bodensee gibt es Dinge, über die der Besucher informiert sein sollte – und die er gegebenenfalls besser meidet

Preise

Die Preise am Bodensee regeln sich wie überall nach Angebot und Nachfrage. Die Nachfrage übersteigt während der Hochsaison und an Feiertagen bei weitem das Angebot – der Bodensee ist also, am deutschen Ufer wenigstens, kein Billig-Urlaubsgebiet. Andererseits ist man am See generell gastfreundlich, ehrlich und hilfsbereit. Wenn in der Ferienzeit die Betten knapp werden, können aber die Preise in die Höhe schnellen. Richten Sie sich, wenn Sie ohne Zimmerreservierung anreisen, auf alle Fälle so ein, daß Sie nicht erst am späten Nachmittag in Ihrem Zielort eintreffen. Oder weichen Sie auf das Hinterland aus.

Ausflüge auf die Mainau

Wenn Sie als Tagestourist oder mit einem privaten Schiffsunternehmer auf die Insel fahren, vergewissern Sie sich schon bei der Abfahrt, daß man Ihnen genügend Zeit läßt. Sie brauchen mindestens zwei bis zweieinhalb Stunden, um die Insel in Ruhe zu besichtigen und vielleicht noch Kaffee zu trinken. Holt man Sie nach eineinhalb Stunden schon wieder ab, haben Sie für beides nicht genügend Zeit, und dann lohnt sich der teure Eintrittspreis für die Insel nicht.

Fährpreis

Bei der Fahrt mit der Fähre zwischen Meersburg und Staad/Konstanz verkauft man Ihnen häufig Einzelfahrscheine, ohne Sie darauf hinzuweisen, daß es verbilligte Sechserkarten-Blocks gibt. Das bedeutet, daß Sie dann auch zwischen Staad und Konstanz für den Bus noch einmal teure Einzelfahrscheine lösen müssen. Und dasselbe nochmals auf der Rückfahrt. Kaufen Sie dagegen eine Sechserkarte, beträgt der Unterschied für Hin- und Rückfahrt bei drei Personen immerhin zwischen 7 und 8 Mark. Achten Sie auch darauf, daß die Sechserkarte im Bus nochmals abgestempelt wird.

Bootsvermietungen

In den einzelnen Häfen werden sie nach Zeit berechnet – pro Stunde oder Tag. Achten Sie darauf, daß schon beim Anmieten des Boots die Zeit beiderseits festgeschrieben wird. Dann gibt es keinen Ärger, wenn Sie länger auf dem Wasser waren und in der Zwischenzeit vielleicht Personal-Schichtwechsel am Bootssteg stattgefunden hat.

In diesem Register finden Sie alle Sehenswürdigkeiten, Orte und Hotels

Hotels

Was bekomme ich für mein Geld?

Was am See zu Buche schlägt, sind die Fahrgelder, sofern man auf öffentliche Verkehrsmittel angewiesen ist. Bei den Dampferfahrten gilt es, alle Sonderangebote auszunutzen. Für Vielfahrer lohnt sich der »Bodenseepaß«. Er kostet 70 Mark und berechtigt 15 Tage lang für teils freie, teils Fahrten zum halben Preis auf deutschen, österreichischen und einigen Schweizer Schiffen sowie auf Bahnen, Bergbahnen und Bahnbussen. Ein Seniorenpaß für die ganze Saison kostet 20 Mark (nur in Verbindung mit einem normalen Seniorenpaß). Ansonsten kostet eine einfache Fahrt von Konstanz nach Lindau 14 Mark auf allen Schiffen, hin und zurück das Doppelte; von Konstanz zur Mainau 6 Mark. Die einfache Fahrt mit der Fähre von Friedrichshafen nach Romanshorn kostet für Erwachsene 6 Mark, zwischen Meersburg und Staad 1.80 Mark bzw. mit Sechserblockkarten 1.33 Mark.

Der Preis für die Beförderung von Autos richtet sich nach der Größe des Fahrzeugs: Mercedes zwischen Meersburg und Staad 11.50 Mark, VW ca. 10 Mark. Motorbootrundfahrten auf dem See ca. 8 Mark pro Stunde. Bus-Ausflugsfahrten zwischen 15 Mark für Nachmittagsfahrt und 35 Mark für eine Ganztagesfahrt (ohne Essen). Sämtliche Preise werden sich im Sommer 1992 voraussichtlich erhöhen.

Beim Essen müssen Sie in einem »normalen« Restaurant (ohne Getränke) mit mindestens 12 bis 25 Mark fürs Menü rechnen, für ein Kännchen Kaffee mit Kuchen 8 Mark. Ein Viertel (bzw. 2/10) sauberen, guten Weins gibt es nicht unter 5.80 Mark. Für einen Wein aus einer genau bezeichneten Lage, offen ausgeschenkt, müssen Sie pro Viertelliter zwischen 6.80 und 9 Mark bezahlen.

Theater- und Konzertveranstaltungen: Meersburger Schloßkonzerte 15–25 Mark, Birnauer Kantorei 10–25 Mark. Ein Kammerkonzert mit einem renommierten Ensemble in Friedrichshafen 18–38 Mark, Theatergastspiel 12–26 Mark, Musical-Gastspiel oder Jazz- bzw. Rockkonzert mit namhafter Band oder Solisten 18–46 Mark, ggf. darüber.

Segelunterricht bei Radolfszell: Die Preise der Segelschulen am See sind sehr unterschiedlich